HADAL OCTOPUS

(VANN FJERNTHAV)

SI TE CREES MALDITO...

Epístola para escapar del infierno

SI TE CREES MALDITO...

1. SI TE CREES MALDITO, DETENTE Y ESCUCHA

Si sientes que, por más que no quieras creerlo, estás maldito de algún modo que no puedes comprender y quieres acabar con todo, espera un momento: esto te interesará.

Si, pese a no vivir fenómenos paranormales, tu aflicción te parece inexplicable, y es, para los demás, invisible, este mensaje es para ti.

Si no tienes ninguna enfermedad, ni depresión endógena, pero piensas que absolutamente nadie podrá nunca entenderte de ningún modo, espera un poco: te garantizo que nunca has oído ni leído nada como lo que diré más tarde.

Si crees que estás en el fondo del pozo, imagina que soy un pulpo hadal. La zona hadal o infernal del mar es la más honda de todas, más profunda aún que la zona abisal. Ahí no ve nada quien no produce su propia luz ni capta la de los seres luminiscentes. Criaturas muy blandas soportan allí presiones enormes, que aplastarían a cualquier ser de la superficie. Por abajo que estés, puedo hacerme una idea.

Antes de hacer lo que piensas hacer, antes de huir hacia la nada, los gusanos y el polvo, ¿por qué no echas una ojeada?

Yo digo que, muy probablemente, conozco la naturaleza de tu maldición y sé dónde está la clave para acabar con ella.

No voy a ofrecerte dioses, ni gurús, ni libros sagrados, ni productos milagrosos, ni talismanes, ni nada de eso. No voy a decirte que lo tuyo se pueda curar con pastillas, ni sesiones de aparatos, ni nada parecido, especialmente si tu médico dice que no te pasa nada.

No quiero verte, ni conocerte, ni contactar, ni que me envíes dato alguno (ya te apañarás con las librerías, bibliotecas, repositorios y todo eso donde puedas encontrar mis humildes escritos).

No voy a venderte pseudofilosofía, ni coaching de chichinabo, ni a decirte que lo tuyo es porque no te esfuerzas.

No te diré que te pongas en armonía con el universo (como si alguien lo conociera del todo) ni con la naturaleza (que es comer y ser comido, y lo abarca todo, bueno y malo).

No voy a pedirte que confíes en mí, ni en ningún otro individuo, ni grupo, ni institución. Muy al contrario de todo eso, yo te diré que abras bien los ojos y vigiles, ya que tu estado de ánimo puede atraer a quienes disfrutan con el sufrimiento ajeno y se aprovechan de él.

Yo no vendo nada salvo un poco de la bazofia que escribo, ni ofrezco cursos de nada. No tengo un oficio que incluya el conocer tu maldición: nadie me pagará más por escribir sobre ella que por hacerlo sobre orinales, zapatos, fideos o besugos. Nunca he estudiado una carrera que trate de tu maldición ni de nada relacionado con ella, ni me gustaría nada tener que hacerlo. No es un tema que me agrade lo más mínimo, sino uno que odio y aborrezco, y por eso me da un asco y una rabia tremendos cada vez que veo noticias sobre maldiciones como la tuya. Casi nadie sabe que lo son —o dicen un par de tonterías sobre ello, y adiós—, pero yo sé distinguirlas.

Si tu padecimiento es enorme a pesar de no tener enfermedades graves de ningún tipo, ni sufrir torturas físicas o malos tratos, ni miseria extrema, ni abusos sexuales, ni nada parecido, y todos te dicen que si no eres feliz es porque no pones de tu parte, y bla, bla, bla...(...∞), si ése es tu caso, digo, y no se te ha muerto nadie, ni se te ha roto un enamoramiento, ni nada por el estilo, entonces tengo grandes probabilidades de acertar en cuanto a la naturaleza de tu maldición. Spoiler: no es brujería.

Sé que lo que te ocurre es tan absurdo como la superstición, pero, a diferencia de ella, es totalmente real. Sé también que te habrán dicho que lo único que tienes es mucho cuento. Mal si callas, porque todos te preguntan constantemente hasta marearte: qué demonios te pasa o qué rayos pretendes. Y mal también si intentas contarles la más minúscula parte del problema, porque entonces pondrán el grito en el cielo por tu insoportable pesadez y dirán que lo único que te ocurre es que quieres llamar la atención y abusar de su paciencia. Ya no abres la boca por miedo a que digan que buscas protagonismo... y las sonrisas falsas se te dan fatal. Como ves, lo sé. Y no, no es por adivinación ni por espionaje.

2. TE PROPONGO UN JUEGO (y no me burlo)

He dicho que, muy probablemente, conozco la naturaleza de tu maldición y sé dónde está la clave para acabar con ella.

Te reto a que demuestres que no es así.

Al fin y al cabo, si ya no puedes estar peor, tampoco pierdes nada bueno por demostrar que me equivoco. Ya sé que no estás para juegos; en realidad, yo tampoco, porque esto es muy serio: si acierto, puedes ganarte una vida libre del absurdo mal que te atormenta; si me equivoco, en el peor de los casos te quedarás igual.

Igual de mal, sí, pero sin estafas de magos de pacotilla, ni pseudoterapias, ni ingreso en una secta, ni falsas amistades: será sólo como leer una novelucha sin importancia. Igual ocurre algo bueno, por otro lado, mientras te entretienes, algo que te haga ver las cosas un poco mejor. No es seguro, pero podría ocurrir (y además no hay multa en el Averno por llegar un poco tarde).

Si de veras logro decirte cómo acabar con tu maldición, eso será una maravilla para ti (yo, ni me enteraré). Y si resulta que me equivoco y lo descubres, al menos no te irás del mundo sin haber hecho en tu vida una cosa bien. Sé que te atormenta no haber logrado eso, y te recomiendo que, si consigues probar que me equivoco del todo y que no escribo más que una sarta de chorradas, sigas con vida para poder desenmascarar ante muchos la falsedad de lo que has leído aquí. El billete a la nada (+fuego o +gusanos) lo tenemos todos reservado y garantizado: nadie lo pierde por esperar un poco más e intentar vivir un poco bien si surge la oportunidad. Así que no tengas prisa.

A ver si tienes lo que hay que tener para averiguar si tengo o no la más repajolera idea de lo que te aflige, y si soy o no un vendedor de basura más de los que hay a montones, con sus venenosos proverbios de sabiduría sagrada o de inteligencia emocional del trasero. Para lo demás que estás pensando, siempre habrá tiempo. Ahora, diviértete un rato a mi costa, y que te quiten lo bailao.

Tanto si acierto y acabas con tus males, como si logras demostrar que me equivoco (te advierto que no es fácil: en esto he derrotado a genios), quien ganará de todos modos serás tú. Yo podría escribir, con más o menos éxito o fracaso, de mariposas, calcetines, retretes o alcachofas, creo que ya te lo he dicho. No ganaré más por hablar de tus aflicciones reales y auténticas que por una novelucha con personajes inventados (incluso se gana más con éstas). De todos modos, me alegraré por ti si acierto, y algún rumor me llega de ello. ¿Te animas a aceptar mi reto?

3. EL SECRETO DE TU MALDICIÓN

¿Dicen que estás hecho al revés, que funcionas al revés, que todo lo haces al revés, que te empeñas en vivir al revés? ¿Te miran como si fueras la antimateria del género humano?

Eso es buena señal, ya que entonces tengo enormes probabilidades de acertar en cuanto al origen de tu maldición, y tú de ganar ese premio gordo que es poder mandarla al cuerno.

Spoiler: NO estás loco, y si lo estuvieras no sería por lo que he dicho antes, por más que todos lo crean.

Nuevo spoiler[1]: tu maldición consiste en la interacción de un entorno hostil a una mente como la tuya con tu ignorancia de los recursos que podrías emplear para defenderte. Sólo podrás conocer esos recursos si sabes exactamente qué te diferencia de la mayoría.

Resulta que eres capaz de lo más difícil para la mayoría, pero fallas en lo que todo el mundo encuentra más fácil. Aprendes, según te recriminan, al revés, y te culpan por ello como si lo hubieras elegido. No es, por tu parte, un capricho, ni lo haces por ganas de llevar la contraria, pero los demás no lo ven así. No es un defecto, sino un modo de funcionar; no debes intentar suprimirlo, sino aprovecharlo en tu favor, y usarlo en tu beneficio y en el de otros. Ten en cuenta que eso mismo puede decirse del oro y del dinero, a los que también se parece en otra cosa: no hay que ir por ahí dejando que cualquiera los vea (es muy peligroso).

Eres diferente de la mayoría, pero **esa diferencia NO es la maldición** que te atormenta: ¡es la clave para acabar con ella!

Es obvio que no puedes cambiar la forma de pensar de la mayoría ni eliminar tu diferencia, pero el saber en qué consiste ésta va a permitirte usarla en tu defensa y beneficio, y también para hacer mucho bien a otros.

La verdadera maldición está en cierto tipo de cerebro humano tenido por "normal" (inteligencia media, sensibilidad empática media-baja o baja). Este tipo de cerebro (y aún más el psicópata, de sensibilidad empática nula) percibe toda diferencia en otros individuos o grupos como inferioridad, y ve cualquier tipo de inferioridad verdadera o falsa como algo que le da derecho a insultar, despreciar, maltratar, incluso torturar y matar (basta un repaso a la Historia o a las noticias diarias para comprobar que esto es cierto, se quiera reconocer o no).

La maldición no es tu tipo de cerebro, sino otros, por desgracia, más abundantes. Tendrás que aprender a conocer tu diferencia para usarla como escudo contra la malevolencia y como herramienta para lograr cosas buenas.

4. POR QUÉ TE CREEN ESTÚPIDO

Te creen estúpido porque eres diferente: sólo por ello te creen inferior. El cerebro "normal" funciona así, te guste o no. Hay que ser más inteligente de lo normal para no identificar automáticamente la diferencia con la inferioridad. Y hay que tener una sensibilidad empática y una capacidad ética superiores a la media para no ver la supuesta inferioridad como excusa para divertirse haciéndote daño (en vez de tratar de ayudarte, o al menos dejarte en paz).

¿No me crees? ¿Piensas que tienes que ser idiota de verdad para que tantos te vean así?

Pues no puedes ser tan idiota, con tu insaciable sed de aprender cosas. Ya sé que ahora piensas que eso nunca te ha servido de nada, salvo para recibir gritos, bofetadas, insultos, patadas, o indirectas peores que todo. Eso también lo sé.

Estupidez, impertinencia, desafío, ganas de incordiar, exhibición, deseo de evidenciar la ignorancia ajena... nunca adivinaron tus verdaderas intenciones. Yo sí: preguntar, simplemente, lo que no sabías a quien parecía poder saber algo. Nada más. ¿A que sí?

Aunque dejaste de hacer preguntas para evitar agresiones, nunca has dejado de interrogarte acerca de todo lo que percibes, sin dar nada por sentado. No puedes aceptar que haya cosas que nadie quiera explicar, y te preguntas por la explicación de la explicación, en vez de conformarte con que "eso es lo que cree todo el mundo, y basta".

Pues muy bien, todo eso es señal de una inteligencia elevada.

Pero con un cerebro "normal" se ve como estúpido, en el mejor de los casos. Y en el peor se ve como mala intención por tu parte. Algunos hasta habrán dicho que haces tanta preguntas porque quieres controlarlo todo, o que te crees o quieres ser omnipotente (que es lo que hacen ellos). Pero nadie sabe tan bien como tú que la omnipotencia es imposible, y más para ti, que no puedes NADA de lo que quieres realmente, ni tan siquiera vivir en paz o sentirte normal.

Tu sed de saber no es deseo de omnipotencia, sino consciencia de tu propia ignorancia.

Ser consciente de la propia ignorancia no es algo que hagan las personas de inteligencia media: requiere un nivel intelectual superior. Tanto es así, que la gente normal cree imposible que alguien sea consciente de lo mucho que no sabe. Ya habrás visto lo seguros que casi todos están de todo, y cómo casi nunca se preguntan nada. Si creen imposible que alguien sea consciente de ignorar muchas cosas, no te extrañe que atribuyan tu curiosidad a un supuesto deseo de omnipotencia. Piensa el ladrón que todos son de su condición.

Quizá no me crees porque en tu escuela había uno o más de esos que llaman superdotados, que siempre sacaban buenas notas y se aburrían en clase. Eso y quizá el acoso hizo que sus padres les cambiaran a otros colegios. O quizá a ellos les dejaban en paz porque para eso ya estabas tú, el imbécil, el tonto que siempre suspendía. Tú jamás te has aburrido en clase, y el programa escolar no te parecía demasiado lento, sino demasiado rápido, apretado, con un tratamiento demasiado superficial de cada tema y demasiados temas importantes dejados fuera del programa.

Había cosas que no te permitían hacer o mirar porque, decían, si no aprendes lo poco, menos vas a aprender lo mucho. Pero resulta que, si no aprendes lo poco, es porque lo necesitas integrado en un mucho: por eso se dice que eres tonto y pretendes aprender al revés. En realidad, aprendes muchísimo y puedes aprender muchísimo más, pero el ignorar cómo funciona tu mente hace que caigas en el fracaso.

Otra cosa que hace que te tomen por tonto es que, cuando en un examen ves preguntas fáciles, suspendes porque no te lo crees, buscas la "trampa" y pierdes el tiempo. Además, tú crees que es mejor no poner nada que poner algo erróneo, pero no: la ausencia de respuesta siempre es el cero absoluto. Tu idea, de por sí buena, de que el error es peor que la ausencia de respuesta no vale en la escuela: allí es tenida por señal de ignorancia y haraganería. Así que, si no te dice el profe que el error restará puntos y el silencio no, pon siempre algo. No pueden averiguar lo que sabes, si no pones nada.

5. POR QUÉ TE CREEN GANDUL E IRRESPONSABLE (I)

Nunca te has ido de fiesta. Jamás te has drogado ni emborrachado. No te interesan los videojuegos y demás zarandajas de moda. Y aun así, siempre te están pichando con lo gandul e irresponsable que eres. ¿Por qué será?

Si no es el caso que no te des cuenta de que otros tengan que ir limpiando y recogiendo lo que ensucias y desordenas (lo cual podría deberse a tu estado de ánimo, y más si lo toman como un "cuento"), ¿qué podría ser?

La respuesta es muy simple: o no ven que hagas nada, o lo que haces o quieres hacer no les parece valioso. ¿Acierto?

PENSAR PARECE "NO HACER NADA"

En el mundo "normal", de la mayoría, si no haces nada que otros puedan <u>ver</u> (el pensamiento se considera "inactividad"), o haces cosas que no se te han mandado (da igual si también haces las que se te mandan, pero sólo te ven haciendo otras cosas) te tomarán por gandul e irresponsable.

Si necesitas concentrarte exclusivamente en algo para alcanzar cierta profundidad, y ello implica no hacer otra cosa que <u>se vea</u> (como leer, escribir, o hacer algo que te hayan dicho), si eres de los que necesitan pensar tumbados, sentados o paseando, te verán como un haragán. Por más que se diga que las profesiones intelectuales están mejor pagadas, para la inmensa mayoría de la humanidad, pensar (sin hacer otra cosa visible) <u>no cuenta</u> como trabajo.

En tal caso, será mejor que aproveches la noche o cuando no te vean. Ten siempre a mano libreta y boli o algo para escribir, y, si es preciso, linterna. Puede parecer que aconsejo no dormir, pero no se duerme bien si hay algo que te inquieta y no puedes resolverlo cuando te ven. Si puedes pensar un rato en ello y hacer anotaciones dormirás más tranquilo. Eso sí, ¡no te pases las noches en vela o muchas horas sin dormir (el sueño "confirmaría" tu supuesta pereza)!, y procura que nadie se entere. Si te viene una racha de buenas ideas cuando se supone que tienes que estar haciendo otras cosas, anótalas rápidamente para cuando tengas tiempo. Esconde siempre lo escrito de miradas indiscretas.

El objetivo es que lo que sientes que tienes que hacer te dé fuerza y ánimo para hacer otras cosas, pero ten en cuenta que nadie te creería (o sólo algunos psicólogos y gente que haya pasado por lo mismo, o sea, muy pocos y fuera de tu alcance).

Ten cuidado con burlones y posibles chivatos y, sobre todo, con quienes sepas que van a creer que "no haces nada por culpa de" pensar profundamente en lo que te gusta, importa o inquieta (cuando lo cierto es que, si no logras hacer nada bien de todo lo demás, es porque te privan de ello).

HACER VARIAS COSAS PARA PODER CONCENTRARSE EN UNA

También tendrás problemas si tu cerebro es tipo "pulpo", y necesitas tener varios "tentáculos" ocupados en cosas distintas para poder concentrarte en la principal, o de lo contrario tu pensamiento se dispersa por mil caminos distintos con cada nuevo dato que le llega, pues ve todas sus interrelaciones con otros datos.

La mayoría sólo hace bien una cosa a la vez, así que no te creen. Da igual que se lo demuestres: seguirán pensando que, si hicieras una sola cosa a la vez, la harías todavía mejor.

La solución, en tal caso, es hacer varias cosas a la vez sin que nadie se entere, o sea, hacerlas de modo que otros no lo noten.

Te felicito, pulpito: tanto los pulpos de mar como los de tierra (como tú) son muy inteligentes. Los pulpos de mar necesitan defenderse (todo el mundo se los quiere comer), y ellos usan el camuflaje, cambiando de color y de forma para confundirse con el entorno. Por poco que te guste la idea, deberías imitarles. A veces, tendrás que disimular.

6. POR QUÉ TE CREEN GANDUL E IRRESPONSABLE (II)

ELIGES ACTIVIDADES NO VALORADAS POR OTROS

Puede que te crean gandul e irresponsable si las cosas que haces no tienen valor a los ojos de otros. Y, para tenerlo, tienen que habértelas mandado ellos (deberes, tareas domésticas, trabajo en una empresa), o bien ser cosas que, en general, atraigan dinero y prestigio.

Si haces cosas, por valiosas que sean en sí mismas, que no son deberes del cole, del insti o de la uni, ni tareas ordenadas por un jefe en un empleo, o por la familia en casa, serán peor vistas que no hacer nada: ¡encima, desobediente!

Y si tienes interés por temas relacionados con oficios mal pagados o sin prestigio, unos te verán como un tonto y otros como un irresponsable, por más que todos los temas y todos los oficios tengan su importancia.

Así es la vida, y puede que no haya más remedio que buscar algo mínimamente visible y rentable como medio para otra cosa peor vista y pagada (¡sin renunciar nunca a ella si te importa más que la otra!).

PIGMALIÓN NEGATIVO MUY GRAVE

Puede que lo tuyo sea mucho peor que cuanto he dicho hasta ahora, pero no te preocupes, hasta ahí abajo también llego (soy HADAL OCTOPUS). Sé que de nada te ha servido abstenerte de todo lo que disfrutaban tus compañeros, que se creen —y los creen— mucho más inteligentes y laboriosos que tú. Ellos, copiando y haciendo chuletas, sacaban aprobados pelados y repetían cursos, pero salían adelante. Pero a ti, el saber muchas cosas y el querer aprender muchas más no te ha servido de nada: ni para aprobar, ni para tener amigos, ni para evitar que tu familia te mire con asco, o bien con lástima, sin saber cómo ayudarte.

Puede que hasta pienses que, si fueras drogadicto, al menos algunos te creerían recuperable. Y, si fueras fiestero, al menos nadie te quitaría lo bailao, y bastaría con esforzarte para lograr algo más. Pero no es el caso: llevas toda la vida oyendo que nunca harás nada, ni serás nada, ni tendrás nada, ni sirves para nada, o, de lo contrario, tendrías "otro aire", otra forma de moverte, de hablar y de mirar; o sea, ya se te ve que eres un inútil y que no tienes remedio. Y, cuanto más te esfuerzas, peor te ven y más te hundes. Lo sé.

Quizá algún día te digan que no querían que pensaras eso, que era "sólo para ver si espabilabas", para hacerte reaccionar. Pero reaccionabas hundiéndote. Y recrudecían sus intentos de hacerte reaccionar. Y te hundías más, cada vez más, hasta el extremo de pensar en lo que ya sabemos.

"Ése qué va a estar deprimido —dicen—. Todo eso son pamplinas: lo que tiene es mucho cuento, porque se le ha consentido demasiado". Como ves, sé la canción.

Todo intento por tu parte (¡y fueron muy tempranos!) de tener iniciativa, ideas propias, responsabilidades, ha sido siempre despreciado y prohibido. Siempre se te veía incapaz de hacer bien cualquier cosa un poco importante, y no te dejaban hacerla. Siempre eras demasiado pequeño para todo, menos para soportar malos humores de los adultos sin saber el motivo. No podías tener ninguna intención de hacer algo serio que no fueran los dichosos deberes, porque te la aplastaban en el acto. Lo importante siempre era lo que hacían los otros, y tú podías mirar (de lejos, o molestabas), pero no tocar. Y ahora se te denigra por ser un inútil, sin empuje, ni carácter, ni voluntad; o sea, te culpan por carecer de todo lo que te prohibieron. Te culpan por tu enanismo tras prohibirte crecer.

Mejor será que empieces a pensar por ti mismo. No temas no saber hacerlo: si has llegado hasta aquí, seguro que lo lograrás.

Si te han prohibido madurar y ahora se quejan de que no has madurado, tu máximo objetivo debe ser ahora preparar el camino para poder actuar por ti mismo.

Como un preso que cava un túnel para escapar, recuerda que, si hay personas que no desean que seas libre (ya que perderían el chivo expiatorio) no deben descubrir tus planes de emancipación hasta que ésta sea un hecho consumado. Si, por el contrario, te han denigrado inconscientemente "para hacerte reaccionar", quizá sea bueno que vean cómo reaccionas, pero no reveles nunca del todo tus planes (no sea que los desbaraten), especialmente si muestran incredulidad o se ríen de tu intención de hacer algo "normal" en la vida.

Y no, la solución no es matarte. Esa noticia daría placer a malvados que se reirían pensando "un inútil menos", y luego irían a emborracharse a un burdel o puticlub (lo cual, por lo que se ve, sí que es ser una persona útil). Pero quien constaría para siempre como una basura serías tú, y no ellos. No lo permitas.

Los verdaderamente gandules e irresponsables disfrutan. No piensan en quitarse de en medio. Y creen que los demás son sus criados, que tienen que limpiar el vertedero que van dejando tras ellos, no porque no se den cuenta o se les olvide, sino porque les da la gana: las molestias que causan a los demás les importan un pimiento, y si alguien se atreve a quejarse, montan un pollo. Si tú no eres así, no mereces esos calificativos. NO ES VERDAD que los merezcas, aunque te los griten miles de veces y hasta consten oficialmente.

7. LA MALDICIÓN DE LA LENTITUD Y LA TORPEZA

No tienes ninguna enfermedad ni discapacidad identificable de ningún tipo, pero no haces nada bien. O eso crees. O eso te dicen.

No terminas nunca nada a tiempo. Todo lo haces tarde y mal.

Eres tan lento, torpe... sobre todo en las tareas intelectuales. Crees que la mayoría piensa mucho más rápido que tú. Que eres menos inteligente y por eso fallas vez tras vez.

Te sabes todas las reglas ortográficas, pero escribes fatal, y no sólo por tu letra horrible. En los exámenes, te quedas en blanco justo en aquellos temas que más te gustan y más conoces, y, cuanto más estudias, peor. Cuanto más te esfuerzas en hacer bien las cosas, peor te salen.

Puede que hasta pienses que, si al menos fueras un drogadicto, con esfuerzo y pidiendo ayuda podrías dejar la droga, pero no puedes dejar tu maldita manera de ser... estás condenado a ella hagas lo que hagas.

Tengo buenas noticias para ti, porque la maldición que padeces NO ES TU MANERA DE SER, sino la ignorancia de su funcionamiento.

Te contaré algunos secretos sobre la mente superdotada que te sorprenderán. No lo digo en broma ni pretendo burlarme de ti. Si no me crees, busca información en libros sobre el tema o webs de asociaciones de superdotados.

CUANDO LA RAPIDEZ ES LENTITUD

El cerebro de los superdotados funciona muy rápido, sí, pero pocas veces se tiene en cuenta que pensar más rápido puede implicar equivocarse más al hablar y al escribir si uno no sabe que piensa más rápido que la mayoría.

Todo el mundo piensa más rápido de lo que habla y escribe. Si piensas más rápido que la mayoría, el desfase respecto al lenguaje, sobre todo escrito, será mayor. Y si encima no lo sabes (o sea, no sabes que piensas muy rápido), te equivocarás un montón al hablar y aún más al escribir, ya que la mano es más lenta que la voz.

En tal caso, por mucha ortografía que sepas, te comerás letras, sílabas, palabras... ¡y hasta frases enteras! Es posible que hasta pegues, sin darte cuenta, la primera y la última sílaba de una frase larga, con un resultado tan ridículo como inexplicable (por ejemplo, "conble", en la frase anterior, subrayada; pueden ser mucho más largas).

Eso ocurre porque tu cerebro va tan rápido que ya ha pasado al final de la frase siguiente cuando tu mano aún escribe el comienzo de la anterior. La solución es repasar poco a poco el escrito al terminarlo (o al terminar cada página si es largo). Y, si hay una palabreja rara e indescifrable, quizá sea la improvisada e inconsciente abreviatura de toda una frase.

Si te riñen por comerte letras, sílabas, etc., quizá entonces te dé por cometer repeticiones. En la omisión crees haber escrito la parte omitida porque la pensaste mientras escribías, olvidando la relativa lentitud de la mano. En la repetición, ya no confías en la mera impresión mental de las palabras y las repites al escribir, tan rápidamente que no te acuerdas de mirar atrás y ver que no es necesario: cuando escribes la repetición, ya están en tu cerebro las palabras y frases siguientes, por lo que tampoco te das cuenta del error una vez escrito, a no ser que repases todo después, poco a poco.

La única solución a esto es procurar calmarse. El nerviosismo aumenta los errores, omisiones y repeticiones. La presión para que "mires cómo haces las cosas" puede ponerte aún más nervioso y hacer que las hagas peor, así que cierra los oídos a esos pinchazos inútiles y cálmate. Finge escuchar los reproches y piensa en algo que te guste y te calme. Repasa poco a poco cuanto escribas al terminar cada página, y, en vez de llorar por lo mal que escribes, ríete de los ridículos resultados de la rapidez mental inconsciente antes de borrarlos.

Otra cosa que puede crear problemas es que, en los exámenes, conoces las respuestas, pero no sabes cómo justificarlas, y te acusan de copiar. En tal caso, el principal objetivo debe ser aprender a explicar cómo y por qué llegas a las respuestas una vez las tienes, como si quisieras enseñarlo a alguien que no tenga ni idea.

La mayoría de las personas piensa a una velocidad que podría compararse a un pase lento de fotogramas de una película. Un superdotado puede pensar tan rápido como si viera la película a velocidad normal, es decir, sin ver los fotogramas uno a uno (las etapas del razonamiento se suceden tan rápido que no las percibes separadas).

Si no logras ver los pasos del razonamiento (porque ha sido instantáneo), prueba a deducirlos: ¿qué hay en los datos del planteamiento que te ha llevado a la respuesta? Conviene recordar que, en la ciencia, cualquier gran descubrimiento es inútil hasta que se muestra como una secuencia de pasos lógicos sucesivos, por más que se hayan descubierto "de golpe".

CUANDO PERCIBIR Y PENSAR MÁS TE HACE LENTO E INEFICIENTE

En el cerebro de los superdotados, cada detalle aparece como una red de datos, cada uno de los cuales es una red de potenciales redes. Y, por si eso fuera poco, los superdotados perciben más detalles y ven más interrelaciones entre ellos. Y ven, además, la importancia intrínseca de cada detalle antes que su relevancia convencional.

Estas maravillosas capacidades de la mente superdotada pueden hacer que, en un examen, te quedes en blanco justo en el tema que más dominas: por no saber por dónde empezar, cómo ordenar la información (tu mente ve varias maneras correctas posibles de hacerlo, y tu perfeccionismo te obsesiona con cuál es la mejor), y no sabes qué omitir ni cómo acabar. Consecuencia: suspenso. Hasta puede que, si hay varias opciones, escojas aquella de la cual sabes menos, para evitar un bloqueo por sobreabundancia de información. A veces te obsesionas con un detalle que te falta, pierdes el tiempo intentando recordarlo, y al final parece que ignores no ese detalle sino todo el tema.

Si te ocurren cosas como éstas, deberías aprender a distinguir la importancia intrínseca o potencial de un dato, y la relevancia que éste adquiere según el contexto, o según el uso que se vaya a dar a esa información (importancia relativa o extrínseca). Puede serte difícil simplificar o resumir si no soportas la idea de que un dato se considere más o menos importante sólo por figurar o no en una lista o programa académico. Tendrás que aprender a pensar menos en lo que las cosas son en sí mismas y más en lo que se te pide, al menos en el ámbito académico y laboral.

Debes habituarte a buscar el modo de ordenar la información más adecuado al contexto, al uso, o a lo que se te indique expresamente, y a guardar, para futuros trabajos de tema libre (o una futura publicación, o para usar como fuente de ideas) todo lo que no se requiera en esa ocasión (o no vaya a haber tiempo o espacio suficiente para ponerlo).

CUANDO EL PERFECCIONISMO CREA LENTITUD Y TORPEZA.

Puedes fracasar en la escuela cuando crees que se te pide una precisión y una minuciosidad que en realidad no se te pide, pero tú crees que tales exigencias van implícitas en los temas a considerar: al percibir más detalles, no te conformas con simples aproximaciones, y sufres cuando no logras expresar adecuadamente lo que piensas. Lo más triste es que, a veces, tras un gran esfuerzo, logras acercarte a la calidad que buscabas, y entonces se te acusa de copiar. La acusación te desmotiva, y eso "confirma" las acusaciones.

El perfeccionismo es bueno cuando se conocen los límites de lo factible y de lo aceptable en cada situación, pero tú no ves con claridad esos límites. Crees que todo se puede y se debe hacer siempre mejor, olvidando que a veces no hay tiempo para tanta perfección (la minuciosidad es enemiga de la prisa) y que a veces no es necesaria (porque no se te pide, y podrías, buscándola, perder el tiempo para responder).

En la escuela es mucho más importante saber qué se te pide sobre un tema que dominar el tema en sí. Y me atrevería a afirmar que, fuera de la escuela, también. No hay derecho, pero las cosas son así, y seguro que no nos dejarán cambiarlas si suspendemos los exámenes.

Recuérdalo. El perfeccionismo es bueno si sabes que lo tienes y lo ajustas a lo requerido por cada situación, pero es muy perjudicial si no sabes que lo tienes, porque entonces te paraliza y te induce miedos (no te atreves a hacer cosas por miedo a no hacerlas bien). Al ver más los detalles, ves también más los defectos de cualquier cosa, y si no sabes que ves más detalles y defectos que la mayoría, nunca darás nada por bueno, o siquiera por aceptable, lo cual te amargará la vida y te creará muchos problemas.

8. LA MALDICIÓN DE LA DESMEMORIA

Tienes problemas de memorización que todos atribuyen a la pereza, la indolencia y la estupidez.

Se te olvida todo lo importante (las llaves, la chaqueta, el dinero, cerrar la puerta, etc.) pero te acuerdas muy bien de las "tonterías" que te gusta pensar y que "no sirven para nada, al menos en tu caso" (astronomía, dinosaurios, modelos de aviones, etc.), ya que no te dan dinero ni buenas notas. Si tus notas empeoran aún más cuando se te priva de todo eso, se atribuye a una rebeldía caprichosa que debe castigarse aún más, cuando lo cierto es que tus notas mejorarían (y mucho) si pudieras dedicarte más a lo que te gusta.

Por desgracia, no sólo se te olvidan las cosas importantes inmediatas de la vida (objetos personales, cosas que tenías que hacer, etc.), sino que tus notas no podrían ser más bajas. Comprendes inmediatamente lo que lees, y es cierto que lo recordarás todo con todo detalle ante la más mínima pista, pero resulta que en los exámenes no hay pistas: hay que recordarlo todo desde la nada, o desde unas pocas palabras aisladas.

Los estudios requieren que recuerdes frases y fórmulas antes que hechos. Pero tú sólo recuerdas hechos, para lo cual no necesitas fórmulas, ni siquiera palabras. Pero resulta que así no puedes expresar lo que sabes en un examen.

Tu memoria funciona asociando unas ideas a otras, no, simplemente, añadiéndolas a una lista. Lo que recuerdas crece a base de asociarlo a otros datos nuevos, no con la repetición en el vacío, o siempre con los mismos. Pero eso, tus profesores y tu familia no lo saben, y como solución a tus problemas proponen repetir, y repetir, y repetir, cuando, precisamente, en tu cerebro hay un mecanismo de rechazo automático de aquella información que se repite sin aportar nuevos datos a los que conectar lo ya sabido. Tal mecanismo se activa por más que tú desees memorizar la información, y lo hace con la máxima fuerza cuando más se insiste en la repetición.

"Mamá, por favor, no me digas más esto, o se me olvidará. Cada vez que lo repites, lo borras de mi cerebro", puede que hayas llegado a decir. Y no serías el primero.

La memoria también requiere calma. Apretar para forzarla la disminuye en vez de aumentarla.

Olvidas precisamente aquello que más estudias, lo que más repites, y recuerdas con detalle lo que menos. Parece que lo hagas aposta y se cree que así es.

A diferencia de los talentosos académicos (que sacan excelentes notas y hay que adelantarles cursos para que no se aburran), los superdotados de amplio espectro de capacidades[2] son incapaces de memorizar algo sin relacionarlo con otras cosas. No recuerdan los datos sin la información que los interconecta, y necesitan una comprensión profunda y amplia de un tema para poder recordar sus elementos básicos (nunca recordarán una sencilla lista "pelada" con éstos).

El problema es que se cree que, si no recuerdan lo poco, menos aprenderán lo mucho, pero eso les hace perder el interés, ya que recuerdan lo principal por sus conexiones, generalmente vistas como secundarias. No aprenden simplificando y resumiendo la información, sino expandiéndola, conectándola con nuevos datos, viendo interrelaciones de temas distintos.

Ahora los especialistas han descubierto que a los superdotados (del tipo que yo llamo "completos") no les gusta memorizar, y que ya protestan con la tabla de multiplicar. Es cierto que hay prodigios memorísticos, superdotados precisamente en memoria[3], pero no suelen tener muy altas las otras capacidades. En los tipos de superdotación más polivalentes, no suelen darse esos memoriones (alguno habrá, pero, en tal caso, será la excepción de la excepción).

Hay superdotados que usan el razonamiento en vez de la memoria (piensan, por ejemplo, cuánto es tantas veces tal número, en vez de recordarlo desde una tabla almacenada en la memoria), y por ello no automatizan los procedimientos, lo cual, en no pocos casos, les lleva al fracaso escolar.

Conviene recordar que memorizan a base de "pistas" o interconexiones. Una sola pista de algo, una sola conexión, y recordarán toda la red de datos relacionados, en vez de un solo dato o de unos pocos. Para que automaticen un conjunto de datos, deben repetirlos en distintos contextos, conectados cada vez a información nueva. Presentárselos aislados e insistir una y otra vez (con la esperanza de que, al ser pocos y repetirlos mucho, les sea fácil recordarlos), es un error que activará el mecanismo de rechazo de información repetida.

Hay un modo rápido de memorizar: la emoción. Pero ha de ser una emoción positiva. Durante milenios se ha castigado y hasta torturado sistemáticamente a los niños creyendo que así se recuerda más, sin tener en cuenta que el cerebro, tanto listo como tonto, trata siempre de olvidar lo desagradable.

Algo que apasione de forma agradable se recuerda siempre. Por eso, aunque a las mentes normales les parezca mentira, es práctico buscar conexiones a lo que hay que aprender por obligación con lo que a uno más le gusta, aunque en apariencia no las tenga. Y si no las hay, habrá que crearlas de algún modo. Prueba a juntar esos datos malditos con el arte o afición que te apasione, o inventa una aventura de tus personajes favoritos en la que intervengan esas dichosas fórmulas, que allí deberán pasar de la abstracción a la aplicación concreta, etc. Aquí no se trata de "gamificar" o "ludificar" lo serio para evitar el esfuerzo, sino de buscar modos de que el esfuerzo funcione, sin banalizar nada. Recuerda que tales juegos son sólo para estudiar por tu cuenta y que no deben aparecer en el examen, aunque allí también pienses en ellos.

9. LA MALDICIÓN DE LAS APARIENCIAS

Para los sujetos de inteligencia "normal" (que pasan la vida tratando de parecer lo que no son), todo lo demás debe ser siempre lo que les parece a ellos que es, y, si no lo es, le obligan a serlo. Para ellos, parecer es mucho más importante que ser.

Les parece que lo bueno no puede ir nunca pegado a lo malo. Por eso, si eres feo, enano, gordo o pobre, no puedes ser muy inteligente. Y, si lo eres, tratarán de impedirte que lo demuestres[4].

Pero resulta que la mayoría, tan enamorada como está de sí misma, tampoco es tan hermosa. De ahí que se diga que los guaperas son idiotas.

Sólo es buena, bonita e inteligente la mayoría, los "normales": los demás, por falta o por "exceso", están tarados.

Decir que los demás son idiotas ha sido muy útil para esclavizarlos. Se ha hecho con las mujeres, con los negros, etc. Hasta ha habido leyes que les prohibían aprender a leer (lo cual sería absurdo si fueran incapaces de aprender). En realidad se trataba de algo hecho aposta para impedir al grupo esclavizado demostrar su inteligencia.

Las apariencias y los prejuicios ligados a ellas pueden hacer que otros te crean tonto. O, al menos, que es imposible que tú puedas ser muy inteligente. Tu edad, sexo, raza, posición socioeconómica o aspecto físico pueden hacer creer a muchos que tu mente no es capaz de ciertas cosas. Pero hay muchos más prejuicios y falsas apariencias. Por ejemplo, las calificaciones académicas, o sea, las notas.

Es cierto que hay un tipo de superdotados, los talentosos académicos, que sacan siempre muy buenas notas[5]. En cambio, tú, vas y suspendes. Y te dicen, o hasta te hacen creer, que una de dos: o tonto, o gandul. Ya te he demostrado que eso no siempre es cierto, por más que quienes lo crean sean tu familia, tus profesores, tus compañeros, tus jefes o tú mismo.

Si no sabes que eres diferente y en qué consiste esa diferencia, meterás continuamente la pata, igual que uno que se fue a China con una camiseta cuyos grandes signos chinos decían: “dame una patada en el culo”, y no sabía por qué se reían los chinos a su paso.

Los superdotados que ignoran serlo pueden parecer tontos, lentos, torpes, gandules, maniáticos... incluso locos o malas personas. Cuando conocen su diferencia, parecen más buenos, cuerdos, listos, diligentes y sociables. Y digo “parecen” no porque finjan ciertas cualidades ni porque antes no las tuvieran, sino porque, teniéndolas, los demás no las ven cuando uno no sabe que es superdotado (al funcionar diferente, los demás las confunden con otras cosas).

Saber que uno es superdotado no es ir diciéndolo por ahí (eso es peligroso), ni mostrar conocimientos a la mínima ocasión, sino conocer las características cognitivas que uno tiene y emplearlas en beneficio de uno mismo y de otros.

Así que, cuando te atormente la ristra de falsedades que otros crean de ti, anótala en una hoja, y luego elabora un programa de acción: estudia qué puedes hacer para probar falsa cada mentira que te afecta. Dicho plan debe consistir en hechos, no palabras. <u>Hechos positivos, visibles e innegables, que nadie pueda negar que son tuyos</u> (que nadie pueda decir que has copiado, que te lo hace otro, etc.). Hechos que cuenten con testigos fuera del círculo de los que te denigran, a ser posible, testigos con autoridad. Hechos simples, al menos en apariencia, y fáciles de comprender por inteligencias más bajas que la tuya (por tonto que te creas). El plan deberá ser secreto hasta que se haya llevado a la práctica por completo, es decir, política de hechos consumados.

Cuando acabes de escribir el plan (guárdalo escondido), visualízate tratando esas mentiras como realmente merecen: imagina que las escribes en papel higiénico y lo usas (¡a la cloaca para siempre!), o que echas la lista a un volcán, la quemas, etc.

Eso te dará fuerzas para poner en marcha y ejecutar el plan de acción. También puedes pensar cosas agradables en vez de todo eso. La cuestión es coger buen ánimo y liberarte de lo que te oprime.

Si ves que necesitas ejecutar una acción física de "asesinato" de la lista de mentiras para poder tranquilizarte, anótala en papelajos inútiles, arrúgalos apretándolos en tu puño, y a la papelera con ellos (puedes despedirlos escupiendo, eructando o tirándote un buen pedo). O desmenúzalos. No uses fuego ni emboces las tuberías con ellos (limita ciertos tipos de acción a lo imaginario).

Si has pensado en el **suicidio**[6], ponlo el primero en la lista del váter, porque no es más que **MIERDA**: no borraría las mentiras sobre ti, sino que las perpetuaría (perdiéndose para siempre la posibilidad de desmentirlas), y además añadiría otras ("claro, como estaba loco..." etc.). Y aún habría quienes se reirían. No les des ese placer. **No obedezcas a basura con forma humana.**

Si pones tu nombre en la lista maldita, otros se limpiarán el culo con ella, recuérdalo.

Debes ser la prueba viviente de que lo que se dice de ti es mentira. Si te vas sin demostrarlo, la mentira triunfará.

10. TU "MALDITA" MANERA DE PENSAR

Lo verdaderamente maldito no es tu manera de pensar, ni el tipo de funcionamiento de tu mente, sino la ignorancia de que lo tienes y de qué es realmente.

En general, no se tiene en cuenta que los cerebros son tan distintos como los cuerpos. Normalmente se ignora que, igual que hay varios tipos de superioridad física, también hay varios tipos de superdotación intelectual.

En vez de reconocer este hecho, se hace como si sólo hubiera un tipo (el talento académico), o incluso ninguno: lo que no es como la mayoría, es inferior y punto, al menos mientras no se adapte a ella y sea como ella.

A nadie se le ocurre, en una olimpiada, poner a levantadores de pesos a hacer saltos de altura, ni a las niñas de gimnasia a hacer halterofilia, ni a los nadadores a lanzar la jabalina. No todos los cuerpos están igualmente dotados para todos los deportes, sin que por ello el campeón de halterofilia sea inferior ni superior al de natación o al de salto de longitud.

Pero se pretende que todos los cerebros se adapten por igual al mismo sistema académico, cuando hay cerebros con distintos tipos de funcionamiento. Por seguir con el símil, quieren cerebros velocistas: si el tuyo es de tipo halterófilo (levanta enormes pesos, pero no corre), o corredor de fondo, o nadador, entonces "no eres inteligente", o eso es lo que se cree.

LA DIFERENCIA

Para la mayoría, tú aprendes al revés. No vas de las partes, una por una, al todo, sino que necesitas una previa visión de conjunto para fijarte en las partes y entenderlas.

Aprendiste a leer "de golpe" palabras y frases enteras, en cuanto alguien te las mostró leyendo en voz alta. Pero luego, en el cole, te tomaron por tonto porque sólo mucho después de saber leer aprendiste el orden del alfabeto (hay quien lo aprendió a base de manejar los volúmenes de la enciclopedia que ya leía y comprendía perfectamente). Si ya leías frases enteras, o hasta libros, no le veías el sentido a pasar horas con "la b con la a hace ba", etc. Sabías leer libros enteros, y constaba oficialmente que aún no sabías juntar dos letras.

Se cree que empiezas "la casa por el tejado" o que "no te dejas enseñar", sin entender que necesitas ver primero lo grande y complejo, "ver de lejos el bosque", antes de concentrarte en lo pequeño y "simple", que para ti también es complejo porque percibes más sus detalles e interrelaciones. Necesitas ver el bosque antes que los árboles, y éstos antes que las hojas, pero se cree que, si no te fijas primero en las partes de una hoja, es imposible que sepas lo que es un árbol, y no digamos un bosque: "no nos diga que su hijo ya lee libros, porque aún no sabe juntar la b con la a".

Necesitas lo grande para saber lo pequeño, el conjunto para conocer sus partes, lo complejo como una red de complejidades en las que otros creen ver lo simple (que para ti no existe: no hay cosas realmente simples).

Para ti, todo es complejo, ya sea grande o pequeño. Y tú te guías mejor con aquello que abarca más y que más conexiones tiene con otras cosas.

Esto no es tan descabellado como lo pintan: todo el mundo encuentra antes, en un mapa, un continente que un país, y un país que una ciudad. Lo que pasa es que esto, en el tipo más completo[7] de superdotación, ocurre en todas las áreas del conocimiento, y no, como en el caso de la mayoría, sólo en geografía.

LA MALDICIÓN NO ES LA INTELIGENCIA, SINO SU IGNORANCIA

No te creas tonto sólo porque otros crean que lo eres, por muchos que sean y por mucha autoridad que tengan.

Si hasta ahora te has sentido identificado con lo que he escrito y no te ha parecido un coñazo inaguantable de un idiota que escribe chorradas, busca información sobre superdotación y altas capacidades. Mira en bibliotecas, librerías e Internet. Busca libros y artículos sobre el tema, cuantos más mejor, y mira en webs de asociaciones de superdotados y de familias con niños de altas capacidades. Si vas a un psicólogo, asegúrate de que sea **psicólogo clínico especialista en superdotados** (la mayoría de psicólogos no entienden de superdotados).

Si en un test de CI has dado una puntuación baja, piensa que, igual que en los exámenes, no puedes hacerlo bien en determinados estados de ánimo. Y, si eres del tipo que a cada pregunta se entretiene buscando "la trampa" o lo tres pies del gato, o eres de los que ven muchas posibilidades en cada respuesta, o muchas formas de llegar a ella, o varias interpretaciones posibles de la pregunta, es posible que hasta te pongan un CI inferior al normal, siendo superdotado.

Si en un test sale todo "normal", felicidades por la codiciada etiqueta. Al menos sabes y otros saben que no eres tonto. Pero no te quedes con eso pensando que ya todo está resuelto: si has llegado a estas alturas de mi rollo patatero, lo has entendido y te has sentido identificado, probablemente no eres cognitivamente "normal", ni aunque tu CI lo sea realmente. Hay muchos tipos de superdotados, algunos de ellos, parciales ("talentosos"). Algunas capacidades, que Gardiner llama "inteligencias", ni siquiera están reconocidas como talentos, o lo están por especialistas, pero no en general. Y son capacidades que no mide el test de CI.

El CI no es toda la inteligencia, sino una parte. La única parte valorada hasta ahora, pero no la única valiosa.

Y hay factores que hacen que el resultado de un test de CI no refleje el verdadero potencial, igual que ocurre en un examen académico.

NO SEAS ESCLAVO DE UN NÚMERO EN UN PAPELAJO.

Si fueras tan tonto como se te quiere hacer creer, nadie tendría que recordarte esto, ya que te creerías muy inteligente y no tendrías problemas por lo contrario.

11. LA MALDICIÓN DE LAS PALABRAS

¿Has acabado por hablar lo mínimo posible, y evitarlo siempre que puedes, porque parece que cuando abres tu boca abres la caja de Pandora?

Dices cualquier cosa, las malas miradas se clavan en ti... y comienzan los problemas. Mejor, callamos. ¿Por qué?

Aun teniendo una buena capacidad verbal, ¿ocurre con frecuencia que no logras hacerte entender salvo a niveles muy básicos?

¿Lo que dices se suele malinterpretar?

¿Se te atribuyen a menudo intenciones que no tienes, creyendo haberte entendido perfecta y sobradamente?

¿Suele ocurrir que cualquier aclaración tan sólo empeora las cosas?

¿Todos tus esfuerzos por hablar mejor y evitar errores tan sólo empeoran la situación, y todos te miran cada vez más mal?

Tranquilízate. No es brujería ni nada parecido. Una parte del problema puede ser cognitiva, es decir, ignoras tu diferencia cognitiva respecto a la mayoría, y por eso no haces los ajustes necesarios para una buena comunicación. La otra parte del problema es psicológico-social y no reside en ti, pero debes conocerla porque necesitas defenderte de ella.

EL PROBLEMA COGNITIVO

El problema cognitivo se debe a no ajustar el mensaje al receptor. Si te crees "como todo el mundo", haces, sin darte cuenta, como si todo el mundo fuera superdotado, y, en consecuencia, no te entienden. Deberías procurar no hablar demasiado deprisa, no usar términos poco conocidos por la mayoría (que no oigas a menudo en la calle o el patio del cole) y no expresar ideas complejas sin descomponerlas en conceptos más fáciles de entender.

Ten en cuenta que:

Intentar expresar varias ideas a la vez puede entorpecer la comunicación. Que tú las captes a la vez no implica que lo hagan otros.

Una idea compleja consta de varias ideas. Si no es fácil de expresar en una frase corta, descomponla en varias.

Con las frases largas, se suele perder el hilo de la comunicación.

Si tratas de concentrar demasiadas ideas en pocas palabras, sin elaborar conscientemente una síntesis adecuada, eso puede hacer fallar la comunicación.

Ciertos pasos mentales pueden ser automáticos y obvios para ti, pero no para quien recibe el mensaje.

Hay que seleccionar tanto la forma como el contenido del mensaje en función del interlocutor y de la situación.

Hay que aprender a seleccionar y dosificar la información.

En el cole

Es bueno que tus profesores sepan que dominas cierto vocabulario (si no lo saben, tenderán a acusarte de copiar en exámenes y redacciones), así que úsalo al hablar con ellos de las asignaturas y también en los deberes de menos importancia (no sólo exámenes, etc.). Pero ten en cuenta que usar cierto vocabulario delante de la clase, aunque sea correcto, puede provocar un estallido de risas, especialmente si hay algún término raro que aparece en otros libros pero no en el que estáis usando, y no lo acaba de mencionar el profesor. Si al estallido de risa en clase sigue una agresión o un coro de insultos fuera de ella, y eso no sólo ocurre un día, no dudes en buscar ayuda.

Teléfono contra el acoso escolar (España) 900 018 018

LA ENVIDIA COCHINA

Cuando el problema no es que los demás no entiendan lo que dices, puede que se trate de que, simplemente, hablas de temas que no les importan lo más mínimo, o que no les gustan.

O puede que se trate de envidia, lo cual puede parecerte tan inexplicable que llegues a pensar que estás loco, si es que no existen realmente las maldiciones.

Al principio, crees que te malinterpretan porque te expresas mal. Procuras hacerlo mejor, y todo empeora. Cuanto más tratas de mejorar, peor es la reacción ajena, y entonces te angustias porque te crees menos inteligente que la mayoría. En consecuencia, procuras adquirir aún más conocimientos para que no se te escape ninguna tontería, porque piensas que algún error habrás cometido sin darte cuenta. Y entonces aflora el veneno.

Sin que nada en tu conducta ni en el tono de tu voz demuestre arrogancia ni agresividad, te dicen cosas como "te crees muy sabio" o "quién te has creído que eres", cuando menos te lo esperas.

En tal caso lo que falla no es lo que dices ni cómo lo dices, sino el ser precisamente tú el que lo dice: has traspasado la barrera jerárquica de la envidia.

La gente no envidia el conocimiento y la inteligencia como medio benefactor, ni como un fin en sí mismo, sino sólo para estar "por encima" de los demás. Como los envidiosos no dudan en pisotear a quienes saben menos que ellos, temen ser pisoteados por quienes saben más, y se "defienden" atacando primero. Creen que la inteligencia y el conocimiento dan siempre tanto la capacidad como el derecho y el deseo de humillar y dominar a los demás, y por eso no toleran que sean otros quienes los tengan.

Recuerda siempre que las personas "normales" tienen desde muy pequeñas un "olfato" para las jerarquías sociales (quién es más que quién, quién pisotea a quién) que supera al de los tiburones para la sangre, y que siempre están pendientes de eso antes que de otras cosas. "Eso" que tú ni sabías que existía, al menos alrededor tuyo. Es algo absurdo, pero existe.

12. POR QUÉ CUANTO MEJOR, PEOR

Hacer las cosas bien sale absolutamente mal cuando eres víctima del desprecio o de la envidia.

En el primer caso, nadie te cree capaz de hacer algo muy bien, y, si lo haces, al desprecio inicial se suma la condena moral por haber copiado, plagiado, robado, hecho trampa, etc., ya que nadie cree que tú puedas haber hecho algo tan bien. Cuanto más te esfuerzas en hacer algo bien, menos creen que pueda ser tuyo. Primero te denigran constantemente por no esforzarte, y, cuando lo haces, o cuando por fin se nota que lo haces, niegan que lo hayas hecho y te denigran por cometer lo que ni siquiera se te había ocurrido.

La solución es poner fin al desprecio, haciendo tantas cosas bien en todas partes que nadie pueda negar tu capacidad para hacerlas. Si te acusan de haber copiado algo, pide ser puesto a prueba. Di que eres capaz de responder cuantas preguntas te hagan sobre el tema y sobre el trabajo en cuestión, y de hacer otros trabajos parecidos de otros temas. No te concentres sólo en esa asignatura: que todos tus profesores vean que no necesitas copiar nada, y si uno te tiene manía, que los otros vean también de qué eres capaz.

En el caso de la envidia, es inútil demostrar nada, porque, cuanto mejor hagas las cosas, más envidia te tendrán y peor será todo. Lo único que se puede hacer contra los envidiosos es apartarse de ellos, cuanto más lejos, mejor, y no facilitar que obtengan información que puedan usar para hacer daño.

Si eres víctima de acoso, busca ayuda (900 018 018), tanto si te acosan tus compañeros como si es algún profesor. El teléfono lo ha asignado el gobierno a una fundación (ANAR, yo no tengo nada que ver) y pueden orientarte sobre qué hacer según el caso.

13. POR QUÉ NADIE TE SOPORTA

Si no eres alguien dado a la ira, ni puntilloso, ni voluble, ni demasiado parlanchín, ni con una pinta rara ni un modo raro de hablar, no parece haber explicación.

Pero nadie te soporta. Se apartan con sólo verte. O siempre tienen prisa cuando se trata de ti. Puede que hasta te hayan dicho que no te soportan, que nadie del mundo puede soportarte. Y que lo hayan dicho con gritos, insultos o hasta patadas.

Y no es cuestión de raza, ni orientación sexual, ni política, ni nada. No es por ser de otro grupo (los agresores pueden ser hasta tus hermanos). Es por ser tú. Hay algo en ti que suscita odio en unos, asco en otros, risa en otros, o, con gran suerte, indiferencia. Jamás aprecio o simpatía. ¿Qué será?

En todos los casos, ignorancia, tanto tuya como ajena, de ciertas capacidades magníficas que te diferencian de la mayoría y que pueden ser de gran beneficio, para ti y para otros, incluso para la mayoría.

En el mejor de los casos (sólo te rehúyen), quizá sea que te gustan cosas que a la mayoría no le gustan (porque no las entienden y les aburren, o porque no están de moda). O quizá es que a ti no te gusta lo que a ellos les encanta (fútbol, telecotilleos, etc.). En tal caso, la solución es buscar clubes, asociaciones, grupos en redes sociales, etc., especializados en aquello que te gusta, y no mencionar el tema fuera de ellos si no es estrictamente necesario. **Ya sé que no es justo**: la mayoría puede hablar a diario y a cualquier hora de lo que le gusta sin que casi nadie los llame pesados e insoportables, y tú no puedes mencionar tu tema favorito más de una vez en una semana sin que hasta se te insulte por ello. Pero no puedes "pedir peras al olmo", así que **"no tires perlas a los cerdos".**

En los casos violentos, con insultos o agresiones (no dudes en buscar ayuda, de la policía si es preciso), sin duda se trata de envidia o desprecio.

Si tus compañeros te desprecian, no quieren verse contaminados por alguien a quien consideran inferior (tonto, feo, pobre, etc.). Creen que ser amables contigo, o incluso dejarte en paz, les rebaja de categoría, y creen que nadie "guay" querrá acercarse a ellos si no te pisotean. Da igual si tú eres incluso muy superior: si no eres como ellos, te verán como inferior, seas como seas y hagas lo que hagas. Y a los inferiores hay que tratarlos del peor modo posible, y además es divertido (así razonan). Apártate de ellos. No trates de demostrarles nada ni de razonar con ellos. Busca ayuda lejos de su influencia.

Los envidiosos son mucho más peligrosos aún que los tontos que, simplemente, te creen más tonto que ellos. Los tontos son simples, brutales. Los envidiosos pueden ser muy retorcidos y listos. Hay sujetos con un gran CI que son totalmente psicópatas. Si te envidian, serás un objetivo a eliminar. Quizá nunca lleven armas, pero pueden hacer que te mates tú a base de hacerte la vida imposible y de hacer creer a los demás que eres una mierda.

Desaparece de "su territorio" y procura que no les llegue información sobre ti. Si te acosan de algún modo (teléfono, Internet, etc.), guarda pruebas (mensajes, llamadas, capturas de pantalla, etc.). Busca ayuda.

Teléfono contra el acoso escolar (España): 900 018 018

14. POR QUÉ NO ENCAJAS EN NINGÚN GRUPO

Antes que nada, debes preguntarte si eso es cierto, o sólo una impresión. Quizá tú ves rechazo donde sólo hay indiferencia; la indiferencia es algo muy normal, y si tú no puedes sentirla nunca, es que no eres tan corriente como crees. O quizá crees ver indiferencia donde todos, simplemente, están demasiado ocupados para hacerte caso; igual sí les importas y te hacen caso en otro momento. Además, si eres tímido, a los demás les dará pereza "romper el hielo" (que, en los tímidos, tiene fama de muy duro).

Pero si no es sólo una impresión, y te has asegurado de que el rechazo es real, continúa leyendo.

Si no hay nada en tu aspecto, origen, etc. que pueda explicar (que no justificar) un rechazo debido a racismo, clasismo, etc., lo que ocurre tiene que deberse a una diferencia que los demás perciben y tú no.

Dada la tendencia "normal" a culpar a otros de las propias desgracias, si tú atribuyes el rechazo que sufres a un defecto tuyo que desconoces, lo más probable es que no tengas tal defecto, y que el rechazo se deba a la mirada ajena, a cómo te ven, no a cómo eres.

Si no logras comprender el motivo de las indirectas y comentarios despectivos que dan a entender que tratas de mostrarte superior a los demás (cuando eso nunca se te ocurriría y hasta tiendes a creerte inferior) probablemente eres víctima del desprecio o la envidia.

La tendencia "normal" es despreciar al diferente ("quien no es como yo, es inferior"). Si tú no tienes esa tendencia "tan humana", es que no eres tan corriente como crees. Y si te desprecian sin causa justificada, es porque eres diferente. Averigua en qué. A lo mejor te doy pistas.

¿Cómo saber si te desprecian o envidian?

El desprecio es más descarado, incluso brutal ("tú, qué vas a saber, si eres idiota"). La envidia suele ser más astuta y traicionera, más sutil y también mucho más peligrosa. En ambos casos, hay algo en ti que te diferencia: unos lo confunden con algo indeseable (y por eso lo desprecian), y otros lo desean, o al menos desean que no lo tengas tú (no puede haber en su entorno nadie más inteligente que ellos).

Si te envidian, es porque tienes algo que otros desean y no pueden obtener. Si no es dinero, ni fama, ni privilegios, ni una hermosura despampanante, pregúntate qué es, sobre todo si quienes te envidian tienen más suerte que tú en la mayor parte de las cosas.

Eso sí, ALÉJATE de los **envidiosos. Enfrentarse a ellos, ni que sólo sea de palabra y sin faltarles al respeto, es como liarse a abofetear y patear un enorme montón de cagarros**: por más fuerte que golpees, éste siempre seguirá siendo mierda, tan asquerosa o más que antes, pero todo tú quedarás marrón, pringoso y apestoso. **No te enmierdes.**

No intentes razonar con envidiosos, porque la envidia ciega su razón a todo cuanto no sea actuar contra ti. Y no intentes apelar a sus sentimientos ni hacer algo bueno por ellos: este tipo de personas odian profundamente pensar que quizá deban agradecer algo, y más si es de aquellos a quienes envidian (se lo tomarían como una provocación). Si quieres hacer un bien a un envidioso, procura que él no lo sepa nunca.

Plantéate la posibilidad de que seas más inteligente que la mayoría. Ser un desastre académico no lo excluye. En todas partes, la mayoría de la gente tiene una inteligencia y una sensibilidad física y emocional entre medianas y bajas, con suerte, un poco altas. Si las tuyas son muy altas, es normal que "no encajes" del todo en ningún sitio. Y es bueno que así sea: sin personas como tú, el mundo, en vez de una mierda, sería una hiperultramierda sin posibilidades de mejora. Querer ser "como todos", en tu caso, es empeorar el mundo (las inteligencias mediocres quieren que nadie sea más inteligente que ellos; los superdotados completos querrían que todo el mundo lo fuera).

Ten en cuenta que, si tu superdotación es lo que yo llamo "completa", tampoco "encajarás" del todo entre la mayoría de los sujetos con altas capacidades. A las personas más sensibles que no tengan un CI muy alto les parecerás demasiado racional, y no alcanzarán a entenderte. Y a los sujetos de muy alto CI que no tengan una sensibilidad emocional igual de alta, les parecerás demasiado emocional, lo que, para ellos, es un defecto, una debilidad. No eres defectuoso. Es normal que no te entiendan del todo. Es a ellos que les falta algo. Y no es su culpa, nacieron así. Tú sí puedes entenderlo.

Infórmate sobre la superdotación y las altas capacidades. Se te aclararán muchos misterios dolorosos y se te abrirán perspectivas gozosas, aunque no existan paraísos.

Un par de directorios para empezar:

Athenea Psicología (atheneapsicologia.com/recursos/directorio)

Altas Capacidades (altas-capacidades.org/centros)

En muchas webs puedes buscar enlaces, y algunas tienen blogs muy informativos.

15. POR QUÉ “NADA” TE GUSTA

Si no te acaba de gustar ninguna actividad, ningún lugar, ningún grupo de personas, forma de organización, etc., y no es que estés deprimido y lo veas “todo negro” ni nada parecido, deberías preguntarte qué es lo que quieres y no encuentras (para poder buscarlo o crearlo), o qué es, en lo que encuentras, lo que te desagrada (para poder evitarlo, cambiarlo o adaptarte): precisar el objetivo para poder hacer planes y pasar a la acción.

Quizá lo que te ocurre es que, debido a un perfeccionismo que no sabes que tienes, tus expectativas de las cosas y de las personas resultan poco realistas: crees que esperas “lo normal”, cuando, en realidad, lo que esperas es extraordinario. Te crees como la mayoría, y piensas que lo que esperas encontrar es lo mínimo, ya que lo harías “hasta” tú, que “no eres gran cosa en nada” (o eso crees, porque ves tus defectos tan claramente o más que los ajenos). Eso es típico de los superdotados que ignoran serlo, así que adquiere más conocimiento sobre tu mente, piensa que la perfección es siempre relativa y recuerda que ser peor que tú es de lo más normal en el mundo.

Si quien cree que no te gusta nada (que no tienes ninguna motivación, ni meta, ni intención seria, ni objetivo) es tu familia (porque el conocimiento te interesa por sí mismo y por sus aplicaciones directas, no por las buenas notas, el dinero, etc.), tendrás que dejarles claro que, aunque ellos, por estar demasiado ocupados, no se den cuenta, sí hay cosas que te importan en serio y no son tonterías. Eso sí, tales afirmaciones deberán ir acompañadas de buenas notas, tan buenas como puedas, o nadie te creerá. Para ello deberás buscar, además de técnicas de estudio adecuadas al funcionamiento de tu cerebro, maneras de vincular lo que te gusta con las asignaturas escolares. Pensar qué relaciones pueden tener te hará pensar en las asignaturas y aprender cosas de ellas.

16. POR QUÉ TE GUSTAN "DEMASIADAS" COSAS

Es otro problema típico de los superdotados. Te interesan "demasiados" temas para lo que dura una vida humana, "demasiados" temas para hacer de ellos una buena profesión u oficio, "demasiados" temas para elegir carrera, "demasiadas" cosas para dedicarte en cuerpo y alma a las exigencias más inmediatas.

Y no, NO son demasiadas, porque tú eres el primero que sabes que no vivirás eternamente (y por ello necesitas conocer pronto cuantas cosas puedas), y no eres tan tonto como para creer que puedas saberlo todo (ni siquiera de un solo tema), ni dedicarte a todos los oficios, ni vivir de la sopa boba en una existencia meramente contemplativa.

Tú eres el primero que lo sabes, y mejor que nadie. Pero los demás no saben que lo sabes. Hé ahí el problema.

La mayoría de las personas se dedican a una sola cosa, o apenas a una muy bien. Dos cosas, ya les parece multitud. Pueden tener aficiones, pero son diversiones para pasar el rato, y rara vez las toman en serio. No tienen tu capacidad intelectual ni tu intensidad emocional; tú te apasionas por las nuevas cosas que aprendes, aunque no vayas a dedicarte principalmente a ellas. Eso, a la gente "normal", le cuesta entenderlo. Si te interesas mucho en algo, creen que te quieres dedicar a eso, porque a ellos, lo que no es lo "principal", les da más o menos lo mismo. Pero a ti nada te es indiferente.

"La multiplicidad de objetivos e intereses permite el enriquecimiento de varios ámbitos, pero, al menos al principio, puede verse como indecisión, volubilidad, falta de un objetivo (por el hecho de tener varios), o falta de aplicación seria (porque se cree que ha de ser forzosamente a una sola cosa), inmadurez, falta de realismo, etc." (Vann Fjernthav: *Superdotados, la clave olvidada*).

Soy pulpo al ajillo, por eso me repito (además, así no tengo líos de permisos de otros autores vivos).

La mayoría de las personas no entiende que tú aprendes ampliando tu campo de visión intelectual, expandiéndolo e interconectándolo cada vez más y con más cosas distintas en vez de limitarte a simplificar y reducir para almacenar.

Si de veras estás indeciso, infórmate al máximo de todas tus opciones y deja bien claro que lo haces para poder elegir bien. Si puedes hacer más de una cosa y no hay impedimentos de ningún tipo, hazla, siempre que no te agotes o descuides cosas más necesarias. Y deja bien claro que los otros muchos temas que te interesan **no te distraen de los principales, sino que te ayudan con ellos** (muestra cómo, incluso, si ves buena disposición en quien te escucha).

17. POR QUÉ VIVES A LA DERIVA

Las consecuencias de que un superdotado ignore serlo no se reducen, como suele creerse, al desaprovechamiento de su potencial, ya que el sujeto:

- Puede llegar a ver como graves defectos sus propias características cognitivas y emocionales, ya que así las ven quienes le rodean.

- No es consciente de que dice y hace cosas que atraen sobre él unas veces la envidia y otras el desprecio; cuando éstos desencadenan el acoso, no puede protegerse usando una inteligencia que está convencido de que no tiene.

- Ignora su extremo perfeccionismo, que se hace por ello autodestructivo ("no hago nunca nada que sea mínimamente aceptable").

- Sufre continuas y profundas decepciones, porque, al creerse normal o inferior, espera que la mayoría de la gente le iguale o supere en inteligencia y sensibilidad emocional; comprobar que no es así no le lleva a creerse superior, sino a pensar que está loco.

- Al ignorar su condición y lo que conviene a ésta, sufre una permanente insatisfacción cuya causa desconoce, y que le lleva de unos lugares, actividades y personas a otros, sin encontrar jamás nada que se aproxime a lo que busca.

Vann Fjernthav, *Superdotados, la clave olvidada*.
(Otra ración de pulpo hadal: si no estás para leer, te ahorra un tocho, y, si estás ávido, ahí va un aperitivo).

18. POR QUÉ ESTÁS/TE SIENTES/ BUSCAS ESTAR/ SOLO

Si formas parte de una minoría reducida y dispersa, y más si hasta ahora no eras consciente de ello, es muy lógico que estés solo, o que estés rodeado de gente muy diferente de ti. Es lo normal, una mera cuestión numérica, no de sociabilidad ni de salud mental. Y muchísimo menos significa que seas peor persona que otros.

Saber esto debería reducir mucho el peso de tu supuesta maldición. Y también debería llevarte a no esperar encontrar, en la mayoría de la gente, demasiadas cosas juntas: quienes saben mucho de un tema suelen no tener conocimientos profundos de muchos más, y quienes son muy racionales suelen ser poco emocionales y viceversa, por más que tú seas en extremo tanto lo uno como lo otro (cosa que a muchos les parecerá inexplicable y hasta indeseable).

También es perfectamente normal sentirse solo cuando no se encuentra gente de parecidos gustos, intereses, aficiones, habilidades, objetivos, etc.

Y sentirse solo a causa del bajo nivel intelectual y moral del entorno es una reacción saludable, no patológica.

Lo patológico es, por ejemplo:

- Si muchos en mi barrio se hacen nazis (o forman una pandilla de matones, etc.), pues me hago nazi (o matón, etc.).
- Como los colegas del insti se drogan, voy a hacerlo yo también.
- Si un grupo de jóvenes acuerdan en Internet morirse de hambre, pues a morirse de hambre. O a suicidarse de cualquier otro modo. O a autolesionarse. O a pegar una paliza a alguien y grabarlo. Y otras mil barbaridades por el estilo.

Es obvio que está mal hacer **maldades** en solitario, pero es infinitamente **mejor estar solo y no hacerlas que hacerlas en grupo**, eso que parece tan "sano".

En vez de imitar lo perjudicial para parecerte a una mayoría, lo que debes hacer es emplear tu inteligencia en buscar y seleccionar las compañías y actividades que te convengan y gusten. Hay que pasar a la acción en vez de lamentarse o dejarse arrastrar por otros hacia lo malo.

Si te gustan actividades solitarias cuyo fruto compartes luego con otros, sin perjudicar a nadie ni descuidar tus propias necesidades y obligaciones, no hay nada que objetar. Nadie debería denigrarte por ello.

Si tu familia te da la turra todo el día con que no tienes amigos, procura independizarte. Y, si no puedes, prueba a entrar en una asociación de superdotados, o en una "normal" de alguna actividad que te guste: quizá así aminore la machaconería (y consigas un lugar al que huir de la tabarra, coartadas, etc.). Y quizá, después de todo, sí hagas amigos (tan "solitarios" como tú), y hasta encuentres pareja, si eso quieres.

Eso sí, hay que vigilar para no meterse en asociaciones vinculadas a sectas. Las hay de todo tipo (hasta empresariales, ligadas a estafas piramidales), pero abundan sobre todo entre las de filosofía, psicología, "crecimiento personal" y culturales, incluso algunas de apariencia "científica".

Son preferibles aquellas asociaciones o grupos que no tengan más objetivo que cultivar una ciencia, arte o afición (matemáticas, pintura, música, papiroflexia, ornitología, ajedrez, etc.), sin pretensiones más grandilocuentes.

Desconfía cuando oigas hablar de cosas como cambiar el mundo, transformar la sociedad, acceder a una dimensión superior del conocimiento (o al conocimiento verdadero), hacer que puedas conseguir cuanto te propongas (¡imposible!), u ofrecerte la única, verdadera y exclusiva solución a cierto problema, etc. Pueden ocultarlas al principio y revelarlas sólo cuando ya estés dentro: no dudes entonces en salir.

También hay, entre lo que podrías encontrar, muchos negocios de pacotilla que no son sectas, pero es mejor no gastar tiempo ni dinero en chichinabos, y menos en estafas. Si no te conviene, déjalo, y busca (con lupa) otra cosa.

Procurar estar solo para protegerte de continuas interrupciones a tus actividades, o de tener que dar una y otra vez larguísimas explicaciones que nadie entiende, también es perfectamente lógico, y no tiene nada de huraño, ni de egoísta ni de loco, por más que digan, y digan, y digan.

Procurar estar solo para huir del acoso aún es más lógico y necesario. Pero hay que ir más allá de eso y buscar ayuda fuera del grupo acosador y sus cómplices (que restan importancia al asunto, o te acusan a ti de "no integrarte", o hasta de "provocar", etc.). Puede que nadie llegue a entender del todo tu situación, pero hay que aprovechar lo que se pueda para librarse del acoso. Quizá, más adelante, incluso puedas ayudar a otros, pero primero ponte a salvo tú. Y no te creas ninguno de los insultos que te hayan dirigido, ni siquiera si hasta tus profesores, o tus jefes, o tu familia creen que no son insultos, sino verdades: si los merecieras realmente, lo más probable es que nadie osara cubrirte de ellos, ya que entonces el agresor serías tú.

900 018 018 (teléfono de ayuda contra el acoso escolar, España).

19. POR QUÉ NO LOGRAS ADAPTARTE A NADA NI A NADIE

La respuesta más probable es que ignoras que eres diferente. Si ignoras tu diferencia intelectual y emocional (o incluso sensorial) respecto a los demás, no puedes adaptar lo que haces y dices a la capacidad de comprensión de quienes te rodean.

Por ejemplo: si no puedes adaptar tu mensaje a tus oyentes, puedes darles a entender precisamente lo contrario de lo que intentabas decir.

Quizá lo que ocurre es que tienes unas expectativas demasiado elevadas de lo que es la vida social entre las personas de inteligencia y sensibilidad medianas: esperas que reaccionen como lo harías tú o mejor, no peor (que es lo normal), o mucho peor, y así sufres constantes decepciones. Aprende a no esperar tanto de los demás: así tendrás sorpresas agradables de vez en cuando.

Para hacerte comprender, deberás emplear tu "olfato" mental. Observa, escucha y "olfatea las pistas" como un sabueso:

¿Hasta dónde es capaz de razonar el interlocutor?

¿Es muy emotivo o poco?

¿Le interesan ciertos temas o no?

Recuerda que, si sabe mucho de una cosa, no tiene por qué saber mucho de otras ni estar interesado en ellas, por más que tú sí. No hables mucho, ni de temas muy complejos, con quienes no conozcas lo suficiente, o te llevarás más de un chasco.

Ten en cuenta que nunca lograrás adaptarte de forma espontánea a la mezquindad moral e intelectual generalizadas. Y eso es bueno (ninguna sociedad mejorará nivelándose hacia abajo).

Pero si no sabes que eres más inteligente y sensible que quienes te rodean (te han prohibido pensar lo primero, y lo segundo se ve como un defecto), te creerás loco al ver que la mayoría de las personas se adapta instintivamente, encerrándose en su egoísmo, a la mezquindad reinante, y aún más al ver cómo se mueven en ella como peces en el agua, respirándola cómodamente y considerándote tonto por no hacer lo mismo.

Si eres un superdotado del tipo que yo llamo "completo"[8], las únicas adaptaciones que necesitas realmente son:

Ajustar lo que dices y haces ante otros a la capacidad de comprensión de éstos.

Y, cuando tal cosa no sea posible, el camuflaje.

Recuerda que camuflarse es sólo **aparentar** ser como los demás: tratar desesperadamente de serlo es inútil y peligroso.

20. POR QUÉ LOS DEMÁS PARECEN MEJORES EN TODO

Pues, porque eres demasiado perfeccionista.

NO, no es broma.

Al percibir más detalles, ves más claramente cualquier mínimo defecto, y, al revés que la mayoría de los humanos, tú ves más los tuyos propios[9]. Como los demás apenas ven sus defectos, hacen las cosas con libertad y soltura, no con ese miedo a hacerlo mal que te paraliza, o, como mínimo, te hace lento, torpe, ineficiente y vacilante.

Así es como los demás, exigiéndose mucho menos que tú, logran mucho más. Hacen algo mínimamente pasable y tienen éxito. Tú nunca das nada de lo que haces por suficientemente bueno, y al final sólo tienes un desastre. Un guiñapo de vacilaciones y retoques. O algo no acabado a tiempo. O algo tan bueno que todos dicen que eso no lo has podido hacer tú, y la explicación es que eres un copión o un ladrón.

Si casi todo lo hicieras con soltura y naturalidad (aunque no fuera perfecto ni mucho menos), no te creerían tan incapaz. Pero si casi todo lo entregas tarde e inacabado (por miedo a que algo no esté bien del todo), pensarán que eres un gandul. Nunca se les ocurrirá que temes hacerlo mal: creerán que pasas de ello, que no te importa y que no haces nada. Con esa imagen en mente, jamás creerán que hayas podido hacer nada bien. Por eso, si logras acercarte ni que sea de lejos a la perfección que buscas (y que tú crees el mínimo aceptable), te acusarán de plagiar, robar, etc.

Lejos de llevarte a pretender ser el mejor, el perfeccionismo autodestructivo te lleva a creer que hasta lo mínimamente aceptable está fuera de tu alcance (así te haces tú mismo el efecto Pigmalión negativo).

Al no ver constantemente sus errores y deficiencias, los otros son más rápidos, decididos y seguros de sí mismos. Y, en consecuencia, reciben más apoyo de otros.

No son mejores que tú. Su "ventaja" es no ver sus propios defectos salvo cuando son tamaño cachalote, y a veces, ni eso. Tu ventaja, en cambio, debe consistir en saber por qué puedes ver más las imperfecciones, y cuándo éstas son más o menos importantes según el contexto o la situación.

Si tu situación es la que acabo de describir, exigirte menos a ti mismo hará que obtengas mucho más, y que tu entorno crea que te estás esforzando más... ¡cuando es al revés! (hasta ahora te has esforzado al máximo por nada, y encima todos te dicen que el problema es que no te esfuerzas).

El perfeccionismo extremo inadvertido puede hacer que hasta lo más fácil te resulte muy difícil.

21. POR QUÉ LOS TUYOS CREEN QUE NO SIENTES, NI PADECES, NI PIENSAS, NI QUIERES NADA.

Tú valoras el conocimiento por sí mismo y por sus aplicaciones directas. Pero tu entorno (y casi todo ser humano "normal") lo ve sólo (o principalmente) como un medio para obtener buenas notas, dinero, etc.

Te ven quieto pensando, y creen que ganduleas.

Te ocupas en cosas que nadie valora (porque nadie te ha ordenado hacerlas, ni te dan pasta, ni suben tus notas).

Tienes emociones muy intensas, pero, en vez de expresarlas gritando, moviéndote y actuando de inmediato, te quedas inmóvil y mudo, lo cual hace pensar que no sientes nada. Quizá te aguantas porque sabes que, si estallas, vomitarás un infierno, y eso "confirmará" la maldad que se te atribuye.

Dan por sentado que ni haces ni quieres hacer nada, y te insultan y te gritan para que "reacciones, espabiles y hagas algo en la vida". El resultado es que, cuanto más te gritan y peor te insultan, más te paralizas, lo cual parece darles la razón. Y además dicen, y puede que hasta crean, que lo hacen por tu bien, lo cual sólo te hace más mal.

Creen que repitiéndote más las cosas "te entrarán por fin en la cabeza", cuando lo cierto es que así te las borran cada vez más.

Nadie comprende que, **para que rindas algo** (poco o mucho, casi nada o muchísimo), **basta con dejar de presionarte**, ya que **la presión tan sólo te paraliza**.

Análisis del problema

Todo eso de buscar conocimientos por sí mismos y sus aplicaciones directas no paga la factura, ni da de comer, ni evita el desahucio. Por eso tu familia lo ve como un lujo en el que sólo deberías pensar una vez te hayas sacado los diplomas y estés cobrando, ya sea por investigar eso que te gusta o interesa, o por cualquier otra cosa. Investigar cualquier cosa gratis, por tu cuenta, sin habértelo ordenado un profe o un jefe se ve como una tontería, por más que no lo sea. Y si además no estás ganando pasta por otro lado y/o tus notas dejan que desear, muchísimo peor.

Definición de "tontería" y "capricho estúpido" en este contexto, según el cerebro "normal": cualquier tema que no te hayan mandado en el cole ni en el curro.

Te ven como un desagradecido, ya que, mientras tus padres trabajan, aunque sea en un empleo que odian a muerte, tú te entretienes en las "tonterías" que te apetecen, y (piensan), si valorases lo que hacen por ti, traerías mejores notas o ya tendrías un buen empleo. Pero claro, ¡tú y tus inventos y experimentos "estúpidos", o tu arte que no te da un céntimo, o tus lecturas sobre faraones, o exoplanetas, o bichos que no entran en el programa escolar ni te ha ordenado nadie...!

No ven que es imposible que hagas nada bien si no haces primero lo que tu cerebro necesita.

A ellos les daban un bofetón y se ponían en marcha; tú quedarías frenado en seco y te dejarías matar a palos. A ellos les insultaban una vez y "reaccionaban" (se ponían a hacer lo que les mandaran); a ti, eso tan sólo te paraliza y destruye. Tenéis cerebros que funcionan distinto.

Quizá ellos no lleguen a entenderlo nunca. Por suerte, tú sí. **El cerebro más potente aquí es el tuyo**, y debes aprender a emplearlo a tu favor. Aunque eso implique **aparentar hacer lo contrario de lo que haces.**

El ser humano "normal"[10] se guía por las apariencias. **Si haces mucho y pareces no hacer nada, nadie lo valorará.** Y viceversa.

Investiga:

Cómo obtener ayuda (asociaciones, psicólogos especialistas en superdotados, libros, etc.).

Cómo hacer que entiendan que el fracaso escolar en superdotados no siempre es fruto de la pereza.

Qué puedes hacer para que VEAN que haces algo, y cómo demostrar que sirve para algo (académico, económico, práctico).

Si tienes el tipo de cerebro que funciona como yo digo, **sólo haciendo "lo tuyo" lograrás hacer también "lo otro"**, por más que todo tu entorno crea que eso le roba tiempo.

Haz lo tuyo cuando no te vean, y, con las fuerzas que eso te dé, **haz lo otro (y que se vea).** La verdad, si hace falta, ya la dirás al final de todo, una vez logrados todos tus objetivos.

Que no te vean mucho abstraído en tus pensamientos: así das la apariencia de no estar haciendo nada.

22. POR QUÉ SE TE DESPRECIA Y ENVIDIA A LA VEZ

- Se te desprecia al confundir tus características con lo contrario de lo que son.

- Se te desprecia porque el gran ego de las inteligencias y sensibilidades mediocres ve como inferior todo lo que ve distinto de sí mismo: "si no es como yo, es inferior, y tengo derecho a pisotearlo".

- Se envidia la superdotación porque se confunde con lo que no es (éxito fácil, "la flor en el culo").

- Se envidia la inteligencia y el conocimiento como fuentes de poder para dominar a otros; tú nunca has pensado usarlos para eso, pero los envidiosos, sí.

- Donde un superdotado completo ve capacidad para ayudar y compartir, un "normal" de baja capacidad ética (y mucho más un psicópata) tan sólo ve poder para imponer su egoísmo y despreciar, pisotear, "estar por encima" de otros.

La baja sensibilidad empática (tenida por "normalidad") y la ausencia total de ésta (psicopatía) se acompañan siempre de un ego desmedido que arremete contra todo supuesto competidor. Desde tal punto de vista, que un igual o inferior (un niño, alguien sin títulos académicos, un subalterno, un pobre, etc.) hable de temas reputados "de sabios" no parece natural, y no se soporta: se "soluciona" marginando o acosando a quien así traspasa la barrera jerárquica.

Cuando no puede nada contra los que ya están "arriba", el envidioso trata de impedir "ascender" a quienes todavía están "abajo" cuando éstos "levantan demasiado la cabeza".

Esta competencia puramente destructiva es absurda, y, desde luego, no "selecciona" a los "mejores" de la especie, pero existe y debes tenerlo en cuenta para tu protección.

23. LA MALDICIÓN DE LA HERRAMIENTA ENTERRADA

No se puede usar, como defensa o apoyo psicológico, una inteligencia cuyas manifestaciones se interpretan como síntomas de algo negativo.

Nadie utiliza una herramienta cuya existencia ignora, y menos aún si sabe que existe pero cree que es algo malo.

Una herramienta cuyo funcionamiento correcto se desconoce, no puede dar un rendimiento acorde a su potencial.

No se usa una inteligencia superior que se cree locura o deficiencia intelectual. No sirve como defensa contra el acoso ni para librarse de las calumnias. Es como un arma que dispara por la culata.

Una inteligencia elevada que no sepas que tienes hará que otros te confundan con lo que no eres. Y no hace que te creas el mejor, sino el peor.

Una alta inteligencia que no sabes que tienes te induce un perfeccionismo extremo que ignoras, y que saboteará todos tus actos y toda tu vida, ya que los defectos que verás más de cerca serán los tuyos. Tu inteligencia enterrada no vendrá por sí sola a hacerte ver esto, y menos aún si quienes te rodean la creen imposible.

Si tu principal herramienta está enterrada, no sabrás por qué no piensas como la mayoría, por qué no sientes lo mismo, por qué no quieres lo mismo, por qué no te gusta lo mismo. La verás como una maldición que te convierte en víctima de acoso, que no te deja disfrutar de la vida, que convierte todo en soledad y tristeza.

Desentierra tu herramienta, tu arma, tu salvavidas, tu tesoro.

24. POR QUÉ NO ERES COMO LA MAYORÍA

Piensas mucho más rápido que la mayoría, pero el ignorar esta rapidez te hace cometer frecuentes errores. La rapidez ignorada te hace torpe e ineficiente: retrasa todo lo que haces porque tienes que repetirlo. Piensas más rápido pero pareces mucho más lento. Y es que no piensas una sola cosa, sino muchísimas a la vez, lo que también te resta eficiencia por distracción, ya que no vas directamente al grano[11] (lo tuyo es ver todo un granero, o más de uno, y las plántulas de trigo, y toda la familia de las gramíneas, etc.).

Tu percepción agudizada de los detalles te hace ver cualquier pequeño defecto en cualquier cosa, sobre todo en las que haces tú, y eso te hace parecer mucho más lento aún. Ignoras tu extremo perfeccionismo, y esta ignorancia lo hace tu enemigo en vez de tu aliado (cosa que será sólo si eres consciente de él y lo gradúas para adecuarlo a cada situación).

Tu mayor agudeza sensorial te hace percibir estímulos de baja intensidad que pasan por alto a la mayoría, lo cual puede hacer que piensen que tienes manías infundadas, o caprichos, o alucinaciones, si no mientes. Y no digamos si además tienes sinestesias (un tipo de percepción te activa otro a la vez: ver cierto color cuando oyes cierto sonido, etc.).

En ti, razón y emoción están fusionadas. Por eso no te entienden los muy racionales, que ven tu emotividad como un defecto, ni los muy emocionales, que no soportan tu racionalidad y hasta la encuentran "cruel", cuando tú sólo quieres mostrar los hechos como son, y no como quieres que sean. Tanto los muy racionales como los muy emocionales tienen superdotada sólo una parte del cerebro. Y los "normales", ni eso.

No admites las injusticias, perversiones e hipocresías "normales" de la vida, ni cuando sólo afectan a otros. No aceptas imposiciones contrarias a la razón y a la bondad, basadas sólo en el poder de la fuerza, la costumbre o la presión del grupo. Por eso se te ve como antisocial o cosas peores (el mundo al revés, para que luego digan...).

No lamentes no ser un altísimo "CI puro": si lo que se llama "razón" [12] bastara para producir la ética, no habría psicópatas criminales de alto CI (que no son mayoría, pero existen). Sin buenas intenciones, la razón y el conocimiento se usan para la maldad.

Tampoco lamentes no ser "puro sentimiento", ni llores porque tu razón te hace ver "demasiadas" cosas: sin razón ni conocimiento, las buenas intenciones son irrealizables. No se puede ayudar a alguien sin saber que necesita ayuda, ni qué le hace falta, ni cómo lograrlo. Y no se puede evitar un mal de naturaleza, origen y consecuencias desconocidos.

Las intenciones marcan objetivos, finalidades, para los que la razón busca medios de realización.

Sin razón no hay medios para lograr los fines. Y sin "emoción" (consciencia, voluntad, intenciones, sensibilidad), no hay fines ni decisiones propios. Es el caso de las máquinas: por eso hay que programarlas.

La supuesta razón "pura" no existe en el ser humano: al eliminar de él la sensibilidad empática, la "emoción", tan sólo se convierte en psicópata, con la razón al servicio exclusivo del egoísmo (también de naturaleza emocional, cuando no meramente instintiva).

Decir que lo emocional es enemigo de la razón porque a veces lleva a actos irracionales es como afirmar que la sangre es enemiga del corazón porque lleva hasta él sustancias nocivas, y hasta venenos mortales (en los envenenamientos ocurre exactamente eso).

Es cierto que no eres como la mayoría, pero no es por nada malo, sino todo lo contrario.

Tu supuesta maldición se resolverá si aprendes a usar con eficacia tu tipo de cerebro, lo cual requiere que te dediques a conocer su funcionamiento y a compararlo con el de otros tipos (para ajustar la comunicación).

25. POR QUÉ DEBES PONERTE A CAVAR

Porque nadie cavará por ti. Los escritores sobre el tema, en este caso, son como los fabricantes de picos y palas. Todo eso puede ayudarte, pero tendrás que conseguirlo y usarlo tú.

Si convences a tu familia de que te ayude a cavar, felicidades. Si no (o si no pueden ayudarte, o si no tienes familia), tendrás que cavar tú solo hasta encontrar ayuda, o hasta hacerte tan fuerte que puedas darla tú a otros.

Si ya has tenido gran parte de los fracasos que he mencionado, y ya no estás en la enseñanza obligatoria, el sistema académico ya no te dejará salir de las mazmorras por la puerta. Si no eres joven, ya no hay becas. Y si eres repetidor, tampoco. Y no las hay para segundas carreras, aunque iniciar la primera fuera un error inducido por la bienintencionada familia. Claro que, si tienes dinero, eso tiene solución. Pero si eres demasiado "viejo" para que te rescate el sistema académico[13], nadie te sacará del agujero: tendrás que salir tú.

Puede que ya hayas intentado salir con ayuda de una asociación, pero el test de CI haya sido un fiasco. Y sin el alto CI, todas las demás características de la superdotación no te abrirán las puertas de las asociaciones (salvo un talento aislado muy sobresaliente, matemático o musical, por ejemplo). Ni siquiera te servirá de nada un altísimo CI si hay algo que te impide manifestarlo en un test de esos que ponen. Por suerte, el resultado no implica necesariamente que tu Ci sea bajo, sino sólo que, hasta el momento, no hay prueba fehaciente y oficialmente reconocida de que sea más alto.

Si puedes hacer un test y que salga bien, felicidades. Pero si no lo consigues, piensa que el test, aunque no permite aparentar más Ci del que tengas, sí puede aparentar menos, o mucho menos (o ninguno, si lo dejas en blanco). Igual que en un examen académico, puede haber factores físicos o psicológicos que dificulten el rendimiento (nerviosismo, fatiga, ansiedad, depresión, etc.). Mejor será ir calmado (pero no atontado por sueño, pastillas, etc.), y decirle al psicólogo lo que te pasa si no te ves capaz (quizá te dará cita para otro día y te aconsejará cómo calmarte).

Puedo nadar más hondo aún: puedo ver, por un lado, que si tu estado de ánimo no mejora antes de hacer el test, fracasarás. Pero también veo que sabes que tu ánimo no puede mejorar sin relacionarte con otros seres como tú, y la puerta la cierra el maldito test, y...

Voy nadando más abajo, bastante más abajo... justo cerca de mi casa... ¿Y si ni siquiera tienes pasta para ir a un psicólogo de esos? De momento, todos son privados, al menos para adultos. Y los del seguro tienen una probabilidad de ser expertos en superdotados tan alta como el gordo de la lotería (que siempre toca a alguien, pero...).

¡Al cuerno! Si nadie te abre una puerta, no seas tarugo y cava un túnel. Con un trozo de orinal o una cucharilla, si hace falta. No confíes tu salida de la mazmorra a una cifra de CI ni al ingreso en una asociación (aunque, si puedes, continúa intentándolo, pero con calma y serenidad, o no lo conseguirás).

No confundas tu inteligencia con la titulitis ni con los resultados de los tests, por mucho que la mayor parte de la sociedad lo haga (hay psicólogos especialistas en superdotados que hacen esta misma advertencia). Si hubiera que hacer siempre caso a la mayoría, no existiría el progreso.

Si fueras un sujeto "normal" o "cortito" con delirios de grandeza (creerse genial, etc.), ahora mismo no estarías leyendo esto ni te creerías maldito, sino bendecido con un "don" que se demuestra despreciando, marginando, insultando, pateando o puteando a quien te parece inferior (por el solo hecho de no ser o parecer como tú). Te creerías el ombligo del mundo, no una mierda. Querrías ser el centro de atención, en vez de rogar al cielo la "bendición" de ser "normal

PLANO DEL TÚNEL

Como te decía, si no puedes salir del agujero por la puerta grande del sistema académico o por la de una asociación, lo que has de hacer es cavar un túnel, en vez de pensar en suicidios y mierdas.

Primero tienes que buscar cuanta información general puedas encontrar y entender sobre el tema. Luego, seleccionar la que mejor parezca encajar con tu caso. Después, examinarla con cuidado, escoger la que de veras te corresponda, y profundizar en ella para aplicar en tu vida cuanto pueda serte útil en algún aspecto. Una vez consigas la paz de ánimo necesaria, busca maneras de usar tu inteligencia que sean provechosas para ti y para otros.

Patada al síndrome del impostor: si fueras uno de esos que se creen superdotados sin serlo, o que "se agarran a una inexistente superdotación como excusa de su fracaso", intentarías de algún modo codearte con "lo mejorcito", en vez de reptar bentónicamente con un mísero pulpo del fondo del fondo del fondo del fondo.

Yo no tengo por qué saber nada de superdotados, ya te lo he dicho. Ni siquiera me atrajo nunca el tema antes de chocar con él.

Yo no sabría absolutamente nada de la puñetera mente humana, de no ser por alguien que murió en un manicomio hace un par de siglos.

Se trata del Marqués de Sade[14]. Me pregunté por qué había en los libros tantas mentiras y contradicciones flagrantes sobre él, y quise investigar ("estúpidamente", o sea, sin ser por orden ni encargo de nadie).

No es que los expertos en superdotados hablaran de Sade ni viceversa, pero busqué información sobre ciertas características de Sade imposibles de explicar, sin alterar los datos históricos, en una mente normal o una psicótica, y aún más inexplicables por la psicopatía (que es la explicación más extendida, lograda omitiendo unos datos históricos y añadiendo otros ficticios). Al final, de forma muy indirecta y al cabo de muchos años, averigüé que dichas características se dan en los superdotados. Amplié la información y profundicé en ella hasta dar con una explicación coherente, y al final vi que el conocimiento que había adquirido para ello podía ser muchísimo más útil ayudando a personas vivas que explicando la vida de un escritor muerto.

Sin él, nunca se me habría ocurrido abrir un libro sobre el tema. Pero abrí muchos, muchísimos. Tantos, que tuve que ponerme a escribir yo otros, sin ninguna vocación de psicólogo, ni psiquiatra, ni nada de eso. Y sin ser docente, ni tener críos superdotados, ni nada que pueda relacionarme oficialmente con el tema salvo mis libros, que estarán mejor o peor escritos, pero no están hechos con "copia y pega" de otros autores: ni siquiera tenía ordenador al empezar a escribir los primeros, y aún tardé muchos años en poder acceder a Internet desde bibliotecas, como hago ahora, y aún más en poder publicarlos. Ahora sí copio y pego trozos de cosas mías, pero sólo mías (salvo citas bien indicadas).

Tú has chocado con este pulpo. Aprovecha su escupitajo de tinta para buscar otras fuentes del conocimiento que necesitas.

26. CÓMO DESENTERRAR EL TESORO

Busca toda la información que puedas al respecto. En librerías, bibliotecas, e Internet. Sobre todo en webs de asociaciones (de superdotados y de familias con niños de altas capacidades), y de psicólogos especialistas en superdotación y altas capacidades.

Si puedes ir a un psicólogo clínico especialista en superdotados y altas capacidades, o buscar ayuda en alguna asociación, hazlo.

Si tienes que convencer a tu familia y ésta cree que lo tuyo es sólo "cuento", muéstrales información seria que encuentres sobre superdotación y fracaso escolar.

Puede que sólo encuentres la más abundante, referente a niños que al principio lo encuentran todo fácil y luego fracasan por falta de hábitos de estudio. Si no es tu caso y no encuentras otra fuente con autoridad sobre lo que te pasa, usa la tinta de este pulpo (Vann Fjernthav, *Superdotados, la clave olvidada*. En Amazon, Wattpad, Smashwords, Inkspired, Academia Edu, etc.). Lo digo sólo porque, si tu caso no es muy común, la información que necesitas puede ser difícil de encontrar, y yo nado en mar abierto, fuera de los reducidos círculos profesionales especializados (a los que, como ya te he dicho, no pertenezco). Lo mío lleva ya tiempo expuesto a la vista en Intenet, y lo han leído expertos de los buenos sin que conste objeción alguna a mis afirmaciones. Toda mi diferencia con otros autores respecto a las características de los superdotados es de nomenclatura (creo que se emplea una bastante obsoleta).

Recuerda siempre que, hasta si eres demasiado pobre para unas cosas y demasiado viejo para otras, también puedes mandar el veneno de la maldición al cuerno. La maldición es ignorar tu inteligencia. Pon fin a tu ignorancia sobre el tema (con un par de webs o de libros NO basta). *Sapere aude*, que dijo el Manolo[15]. Y luego aplica lo que sabes.

27. COSAS QUE NECESITAS SABER (Y TENER EN CUENTA) PARA PROTEGERTE (I)

EL MUNDO “NORMAL”

El mundo “normal” es el que es, no el que pensamos que debería ser. Sólo podrá ser mejorado si conocemos y tenemos en cuenta su realidad.

EN EL MUNDO “NORMAL”:

1. Por absurdo que sea, las apariencias importan siempre mucho más que la realidad (por ellas se mata y se muere).

1. “Todos” mienten y dan por sentado que los demás mienten.

1. La palabra de una persona carece, por sí sola, de valor (de ahí la monstruosa burocracia para todo). No te extrañe, pues, que nadie dé ningún valor a tu palabra (tómalo como un “halago”: en eso te ven “normal”).

1. Si no “pareces” inteligente[16], para el mundo, no lo eres. Tendrás que demostrar las cosas con pruebas que hablen por sí solas, y que hasta el más tonto pueda entender. Tendrás que probar, sobre todo, la imposibilidad total de haber plagiado o robado nada.

1. Diga lo que diga la Ley, el pobre en dinero es culpable hasta que se demuestre lo contrario. La presunción de inocencia es un lujo caro allí donde las apariencias lo son todo.

1. La gente “normal” magnifica sus aspectos positivos y niega o esconde los negativos. Si tú no haces eso, ten en cuenta que los demás darán siempre por sentado que lo haces.

2. De un bolsillo vacío se deduce un cerebro vacío. Si no eres vicioso, ni gandul, ni derrochador, la única explicación que el cerebro "normal" encuentra a tu falta de pasta es que eres tonto: ¿cómo va a saber nada importante alguien cuyo cerebro no le ha sacado de la pobreza? Es un razonamiento que ignora muchísimas cosas, pero ésa es la apariencia, casi siempre más poderosa socialmente que la realidad.

1. La gente "normal" encuentra increíbles (y hasta fuera de la naturaleza humana) los principios éticos que a ti te parecen mínimos, y tiende a ver como falsa cualquier muestra real de ellos. Es por ello que se suelen buscar motivaciones egoístas detrás de cualquier conducta altruista.

Un ejemplo de que la apariencia lo es todo:

Si, como yo hasta no hace tanto, no tienes ordenador[17] que te permita reducir el volumen de papeles, ten en cuenta lo siguiente: lo que para ti son pilas de libros, artículos, etc., clasificados por temas, fechas o autores, para tu familia (y aún más para las asistentas sociales) son montones de porquería que deberías tirar (librotes y periódicos viejos, fotocopias raídas, libretas que amarillean, etc.); da igual lo importante que sea para ti el contenido, y que necesites tenerlo todo a la vista para recordar cosas importantes. Pero no tires nada importante: inventa un sistema de marcaje u ordenación de libros y documentos que no implique tenerlo todo "desplegado" a la vista de cualquiera, al menos mientras no vivas solo (o con alguien como tú) y sin necesidad de pedir ayudas sociales. Puedes poner etiquetas a los libros y tenerlos guardados en vez de apilados sobre los muebles, guardar los folios y recortes en cajas bonitas, archivadores, carpetas con divisiones, etc., y, para tener a mano, puedes crear una representación de los documentos en forma de listas, esquemas, fichas, etc., y todo lo demás, guardado hasta su uso en lugar de expuesto a la vista.

28. COSAS QUE NECESITAS SABER (Y TENER EN CUENTA) PARA PROTEGERTE (II)

MEDIDAS DEFENSIVAS

1. Cuidado con los envidiosos. No digas ciertas cosas a demasiadas personas ni a quien sea muy hablador.

1. Antes de revelar una verdad inverosímil, insólita o compleja, debes buscar pruebas de ella capaces de hacerla evidente a cualquiera de forma innegable.

1. Evita las discusiones innecesarias: quienes las provocan no buscan la verdad, sino tan sólo "ganar" para satisfacer su ego. Quien busque la verdad saldrá siempre perdedor en tales disputas.

1. Ante cualquier acusación falsa, oponer siempre muchos más hechos visibles e innegables que palabras. Si se te acusa de copiar en un examen, plagiar, etc., no dudes en expresar tu deseo de ser puesto a prueba para demostrar que no has hecho trampa.

1. Cuando la discreción te sepa a hipocresía, recuerda que no vas a perjudicar a nadie: se trata de defenderte.

1. Claro que es absurdo que a veces haya que esconder cosas buenas. Pero no ocurre sólo con la inteligencia y el conocimiento: pasa también con el oro, las joyas, el dinero y todo lo valioso. Los animales miméticos no son tontos: protegen su mayor tesoro, que es la vida.

29. COSAS QUE NECESITAS SABER (Y TENER EN CUENTA) PARA PROTEGERTE (III)

PARA NO METER LA PATA (COMUNICACIÓN)

1. Escucha a los demás para tantear su capacidad de comprensión, su grado de interés por un tema concreto, su actitud hacia ese tema y hacia ti, etc.

1. Recuerda que, con la mayoría de las personas, no se puede profundizar mucho en un tema, y menos en varios. Si uno sabe mucho de algo, no des por sentado que sepa mucho de todo.

1. La mayoría de las personas se interesa más en el propósito de un mensaje que en su contenido. Deja claro el propósito y ve al grano.

1. No hables de ciencias, historia o complejas elucubraciones si no es en un ámbito académico o profesional que lo exija o permita, o a gente que sepas que es como tú (o que haya demostrado verdadero interés en el tema).

1. Da igual que los otros hablen a cada momento de sus temas favoritos (fútbol, cotilleos, televisión, etc.): a ellos nadie les encontrará pesados porque sus aficiones son mayoritarias. Pero si tú hablas de "lo tuyo" con cierta frecuencia, aunque ésta sea mucho menor, verás como todos te huyen por PLOMAZO insoportable (eso, si no te toman por loco).

1. Que un tema te resulte familiar a ti no significa que sea muy común.

1. Pregúntate si el tema del que quieres hablar interesa realmente a tu interlocutor, no si es interesante en general o para ti.

Tantea, y, si no ves interés, no insistas.

1. Ten en cuenta a los oyentes casuales de tus conversaciones. Que no les incumban no implica que no usen contra ti lo que oigan.

1. Tan peligroso es decirlo todo como dar la impresión de ocultar algo. Revelar sólo aspectos comunes y corrientes de un asunto puede ser un buen camuflaje.

1. Son temas comunes de conversación: uno mismo y su entorno (sólo en aspectos corrientes), sus ocupaciones (si son comunes), sus diversiones (si son populares) y las noticias más difundidas (superficialmente). Si quieres ir más allá de esto, vigila con quiénes y ante quiénes lo haces.

30. COSAS QUE NECESITAS SABER (Y TENER EN CUENTA) PARA PROTEGERTE (IV)

TU TESORO MÁS ÍNTIMO

1. Usa tus pensamientos más complejos como laboratorio secreto de inspiración mientras no halles un modo apropiado de transmitirlos a personas capaces de comprenderlos. La emoción lleva a querer compartir las ideas, pero sus receptores pueden no ser capaces de comprenderlas, o hasta malinterpretar la intención con que se les ofrecen.

1. Una tendencia espontánea a usar lenguaje figurado corre peligro de ser interpretado literalmente. Tratar de expresar con lenguaje figurado la complejidad de lo que piensas o la intensidad de lo que sientes no es para todos los públicos ni para cualquier contexto (habrá que delimitar éstos y buscar canales apropiados). Ojo también con las personas con Asperger, por superdotadas que sean: tienden a entender todo literalmente (a cada significante, sólo un significado, y viceversa; otra cosa la ven como algo ilógico, como desorden).

1. La fantasía ayuda a vivir en la realidad, pero es fácil malinterpretarla. Hay que guardarla como fuente secreta de inspiración y energía emocional, y no darla a conocer salvo por canales adecuados (literatura, arte), o sólo a personas probadamente capaces de entenderla.

31. POR QUÉ DEBES PROTEGER EL TESORO

Hay tres razones principales:

La primera es que es un tesoro (si se sabe usar bien).

La segunda es que necesita protección (contra la ignorancia, los envidiosos y los despreciadores).

La tercera es que, si no lo proteges tú, puede que nadie más lo haga.

La inteligencia no se puede robar, pero sí destruir. Para ello basta con atacar a su portador. Se le puede matar o torturar. Se puede hacer que se mate él mismo haciéndole la vida imposible. Y se puede hacer creer a otros que está loco, que es idiota o mala persona. La evidencia rara vez convencerá a muchos, ya que, una vez suelta la calumnia, ésta hará de filtro para cuanto vean u oigan.

Los envidiosos destruyen lo que no pueden obtener. Lo hacen incluso cuando pueden obtenerlo, si es a condición de que otros lo obtengan también.

Jamás derribarás a la estupidez de su trono yendo ante ella inerme, desnudo y a cara descubierta. La mejor arma es la astucia, no el enfrentamiento.

Imagina que eres blando como un molusco. Y que no tienes concha. Y que vives en una zona sin recovecos ni escondrijos. "Más tonto que un molusco", habrás oído decir.

Pero hay moluscos inteligentísimos: los pulpos, cuya escoria me honro de ser. No solo emplean el camuflaje tomando las formas y colores del entorno. También se protegen con conchas que encuentran, y hasta con cáscaras de coco, botellas y latas que echan los humanos. A veces se construyen escondrijos con piedras, y también se entierran en la arena.

Claro, tú no eres un pulpo, pero... ¿acaso eres realmente más tonto que un molusco? Si no es así, entonces imita su sabiduría (yo no lo hice y sé el resultado).

Ya sé que odias la hipocresía, y ves el hecho de ocultar algo bueno como doblegar la voluntad ante el mal. Por todo ello odias la astucia y el camuflaje. ¡Quieres ser libre, sin tener que disimular nada!...

Pero nunca serás libre mientras andes por ahí sin pensar en tu protección.

Protegerte de posibles acosadores no es más cobardía ni hipocresía que ocultar el dinero o cerrar la puerta a los ladrones. Es injusto que sean las potenciales víctimas quienes tengan que molestarse en tomar medidas, cuando quien merece molestias es el delincuente. Pero lo más importante aquí no es quien merece molestarse, sino quién recibirá el mayor daño si no se protege de la mala conducta ajena. Cuando actúa la policía, o el protocolo antiacoso, o lo que sea, el daño ya está hecho. Mejor evitar que se produzca.

900 018 018 Teléfono de ayuda contra el acoso escolar, España.

32. CÓMO ACABAR CON LA MALDICIÓN DESDE DENTRO

Tu maldición viene de fuera: no es la inteligencia, ni la sensibilidad, ni la debilidad de carácter, ni el "cuento" y la "cara dura" que quizá se te atribuyen.

Pero, aunque viene de fuera, tu maldición, cual virus informático, entra en la computadora, que aquí es tu cerebro, y te instala un troyano que inutiliza el sistema y lo pone a disposición de criminales que pueden controlarlo, ya sea para aprovecharse de él o para destruirlo, incluso hacer que destruya otras cosas o cometa delitos de forma remota.

También el símil biológico es válido aquí: igual que un virus entra en las células de tu cuerpo y ataca desde dentro aunque venga de fuera, la llamada "maldición de la inteligencia" viene de fuera en forma de acoso, prejuicios, desconocimiento, creencias erróneas y actitudes lesivas. Una vez instalado en tu mente, hará que te ataques tú mismo: "no hago nada bien", "si se burlan de mí, por algo será", "hasta mi familia sabe que siempre seré un inútil", etc.

Aunque el virus, o parásito, o troyano, es exterior, sí que hay en ti un factor predisponente a su ataque o al éxito de éste.

Cuando en un ordenador no hay cortafuegos ni antivirus ni contraseñas, tienen vía libre todos los virus y troyanos que le quieran meter. Si tus defensas biológicas están bajas por lo que sea, cualquier microbio entra en ti, y te invade sin dificultades.

En el caso de la inteligencia y sensibilidad superiores a la media, el factor predisponente es la ignorancia de estas características, tanto tuya como de tu entorno.

Lo más decisivo es que acabes con tu ignorancia, así que infórmate bien. Compara la información de diversas fuentes, sobre todo webs de asociaciones de superdotados y de psicólogos especialistas en altas capacidades, así como libros sobre el tema.

Luego elige la asociación o el psicólogo que creas que te irá mejor, y contacta.

Si no te puedes permitir que te ayuden (infórmate antes bien), o sabes que al primer minuto mandarás el test al cuerno, o lo dejarás en blanco, o ya has ido a hacerlo y has dado "dentro de la media" o "por debajo de la media", déjate de narices y sigue estudiando cuanta información caiga en tus manos sobre el tema, sin obsesionarte. De un modo u otro te ayudará, aunque no tengas "papeles" ni puedas entrar en una asociación (que tampoco es la panacea). No temo alimentar delirios de grandeza en sujetos normales o deficientes en CI: ninguno habría aguantado mi rollazo hasta aquí.

33. ÚNICO MODO DE FRENAR LA MALDICIÓN QUE HAY FUERA DE TI

La maldición es de procedencia exterior: no eres tú, ni viene de ti, como quizá te han hecho creer. Pero, si no te defiendes de ella (por ignorancia, porque te han hecho creer que eres tú, o que es un defecto tuyo, o que es la inteligencia), el resultado será el mismo que si realmente estuvieras maldito, o tuvieras una deficiencia grave.

Sólo si vences a la maldición dentro de ti podrás vencerla también fuera. No podrás, por ejemplo, luchar contra el acoso si crees las mentiras que corean sus insultos. No podrás demostrar a una familia o profesorado que te cree un haragán que no lo eres, si no aprendes el modo de sacar rendimiento a tus esfuerzos. No podrás trabajar con una herramienta que ignoras que tienes, o que está enterrada por haberla confundido con una tara, un defecto, un vicio, una maldición.

La ayuda no vendrá a buscarte. Tendrás que buscarla tú, o incluso crearla, del modo que sea.

EPÍLOGO (por si lo leen profesionales)

Es una desgracia que haya superdotados condenados al aislamiento y a la desinformación por carecer de una cifra en un papel, cuando son ellos quienes con más urgencia necesitan conocimiento sobre su condición y contacto social con otros superdotados. Que nadie espere que vayan por sí mismos a hacerse un test, al menos mientras no hayan tenido acceso a la información adecuada. Y muchos no lo tendrán nunca, porque no creen que sea para ellos.

Alguien puede pasar décadas creyéndose subnormal (especialmente si otros se lo gritan y la familia cree o duda), y, una vez probada la "normalidad" intelectual por algún pequeño éxito académico, pasar varias décadas más creyéndose loco al sentir que "no encaja" en el mundo, y ver que no son pocos los que creen que no está bien de la cabeza. No irá a psicólogos ni psiquiatras por miedo a que se confirme su tara y a ser encerrado. Si sobrevive, puede que por algún azaroso accidente le llegue el verdadero diagnóstico... o no. Es tan probable como la lotería. O quizá menos.

Sólo (y no siempre) si estás diagnosticado tienes pleno acceso a la información y al tipo de contacto social que necesitas. Pero, sin esa información, no sabes que tienes que ser diagnosticado. Ni se te pasa por la cabeza que puedas ser superdotado. Y algunos nunca completarán ni harán bien un test aunque se lo pongan delante y aunque tengan realmente una inteligencia elevada.

Todavía circula la estúpida idea de que la superdotación consiste sólo en rapidez, y precisamente rapidez de rendimiento, cuando la rapidez mental de los superdotados no siempre se traduce en rendimiento, y a veces, cuando es ignorada, entorpece o impide el rendimiento.

El blindaje de las asociaciones contra los "sin papeles de CI" no impide la propagación de ideas falsas en el exterior, ideas que luego determinan las políticas que influyen en el interior.

Se teme que los no superdotados entren en tropel porque todos se creen muy inteligentes, pero se deja fuera a los superdotados que ignoran serlo y se creen todo lo contrario.

Este escrito es para ellos. Para quienes nunca consultarían información especializada, y, de hallarla por casualidad, jamás la creerían para ellos. Y también para aquellos que, conociendo su diferencia, desesperan al verse acosados.

---

[1] Me los puedo permitir: aquí habrá emoción hasta el final, y la pondrás tú.

[2] "Superdotados completos" en la nomenclatura de Fjernthav, "superdotados" en la de la mayoría de autores.

[3] Capaces de recordar cifras enormes de una mirada, o memorizar el texto de varios volúmenes.

[4] Teléfono contra el acoso escolar (España) 900 018 018.

[5] A menos que el aburrimiento por la lentitud del programa (o el acoso de los envidiosos) les haga abandonar los estudios.

[6] Teléfono de ayuda en caso de ideas suicidas (España): 024 (si se acaba de producir un intento, 112)

[7] Con mayor número de capacidades por encima de la media, ya sean poco o mucho más altas.

[8] No sólo CI y creatividad: capacidades elevadas "en ambos lados del cerebro", alta sensibilidad emocional empática, etc.

[9] Como si tú fueras miope, y los demás, hipermétropes en cuanto a visión de defectos.

[10] Puede que tu familia sea cognitivamente normal... o no: en algunas familias hay varias generaciones de superdotados malogrados que tuvieron que deformar su mente, hasta casi anularla, para adaptarse a su entorno, sobre todo en familias con escasos recursos económicos y pocos estudios. A ellos les obligaron a

palos a odiar sus propias características mentales, y se ensañan con ellas al verlas en sus hijos. También ha habido algunos profesores así, sobre todo entre los crecidos al principio de la posguerra.

[11] Hay talentosos precisamente en ir al grano: son los que suelen sacar mejores notas, tanto que hasta se ha creído que la superdotación consiste sólo en eso.

[12] La ciencia empieza a descubrir que la razón abarca más de lo que hasta ahora se creía. Véase Antonio Damasio, *El error de Descartes: La razón, la emoción y el cerebro humano* (Barcelona, Destino, 2013).

[13] O, aparte de la edad, ya has empezado una carrera que se ha ido al cuerno, o tienes, por imposición bienintencionada de una familia mal informada, un título universitario que odias porque no es de nada de lo que más querías y podías hacer, y encima no tienes dinero para estudiar tu verdadera vocación porque se gastó en el título odiado y no ganas lo suficiente, etc.

[14] Vann Fjernthav: *El gran secreto de Sade. Un cambio radical de intrpretación de su vida y de su obra* (Amazon, Autores Editores, Academia Edu, Smashwords, Wattpad, etc.)

[15] "Atrévete a saber" (Immanuel Kant).

[16] Eres un niño feo, una niña gorda, un hombre sin dinero, una mujer sin títulos académicos, un adolescente con malas notas, una chica "demasiado" guapa, etc.

[17] Para tener un ordenador que te permita escribir, almacenar archivos y ver películas en DVD no hace falta conexión a Internet. Si no tienes teléfono con Internet, quizá puedas conectarte en bibliotecas o locutorios. Mejor pendrive que imprimir por ahí, si no son pocas hojas (caro).

www.ingramcontent.com/pod-product-compliance
Lightning Source LLC
LaVergne TN
LVHW060258051026
849517LV00003B/845
* 9 7 9 8 2 3 2 2 4 6 2 3 5 *